Der internationale Rechtsschutz der Patente, Muster, Warenzeichen und des Wettbewerbes

Mit Erläuterungen

von

Dr. Albert Marck
Patentanwalt in Berlin

Berlin
Verlag von Julius Springer
1924

ISBN-13: 978-3-642-90074-7 e-ISBN-13: 978-3-642-91931-2
DOI: 10.1007/978-3-642-91931-2

Vorwort.

Die vorliegende, mit Erläuterungen versehene Zusammenstellung der internationalen Abkommen auf dem Gebiete des gewerblichen Rechtsschutzes ist nicht nur für den Fachmann bestimmt, sondern soll auch dem Erfinder und Gewerbetreibenden die Möglichkeit geben, sich über die Bestimmungen und Wirkungen dieser Gesetze zu unterrichten.

Die größte Bedeutung unter diesen Verträgen besitzen „Die Internationale Union zum Schutze des gewerblichen Eigentums" und „Das Madrider Abkommen betr. die internationale Eintragung von Fabrik- und Handelsmarken".

„Das Madrider Abkommen zur Unterdrückung der falschen Herkunftsangaben" ist ebenfalls abgedruckt, obwohl Deutschland ihm noch nicht beigetreten ist. Der Anschluß Deutschlands steht jedoch in Erwägung und kann in Kürze erwartet werden.

Bei der großen Wichtigkeit, welche heute dem internationalen Verkehr sowohl für den Austausch von Waren als auch von Erfindungen zukommt, machte sich das Bedürfnis nach einer Zusammenstellung der bezüglichen Gesetze mit Erläuterungen unter Berücksichtigung der neuesten Rechtsprechung geltend.

Berlin 1924.

Patentanwalt **Dr. Albert Marck.**

Inhaltsverzeichnis.

Abkürzungen.

Actes	= Actes de la Conférence (de Bruxelles, Washington usw.).
BGB.	= Bürgerliches Gesetzbuch.
Bl.	= Blatt für Patent-, Muster- und Zeichenwesen.
Congrès Rome	= Deuxième Congrès de la chambre de commerce internationale à Rome le 18—24 mars 1923.
DJZ.	= Deutsche Juristenzeitung.
FV.	= Friedensvertrag von Versailles vom 28. Juni 1919.
GRuU.	= Gewerblicher Rechtsschutz und Urheberrecht.
Isay	= Patentgesetz von H. Isay. 3. Aufl.
Magnus-Freund	= Freund und Magnus: Gesetz zum Schutz der Warenbezeichnungen. 5. Aufl. 1909.
MuW.	= Markenschutz und Wettbewerb.
Mitteilungen vom Verband	= Mitteilungen vom Verband deutscher Patentanwälte.
Osterrieth	= Die Pariser Konvention, Kommentar von A. Osterrieth und A. Axster.
Prop. Ind.	= La Propriété Industrielle, Bern.
RGBl.	= Reichsgesetzblatt.
RGSt.	= Reichsgericht Strafsachen.
RGZ.	= Reichsgericht Zivilsachen.
Seligsohn Pat.	= Patentgesetz und Gebrauchsmustergesetz, erläutert von Dr. Arnold Seligsohn. 6. Aufl.
Seligsohn Wz.	= Gesetz zum Schutz der Warenbezeichnungen, erläutert von Dr. Arnold Seligsohn. 2. Aufl.
Tagung Berlin	= Tagung der internationalen Vereinigung für gewerblichen Rechtsschutz, deutsche Gruppe, vom 11. und 12. Mai 1923 in Berlin.

A. Die internationale Union zum Schutze des gewerblichen Eigentums.

1. Einleitung.

„Internationale Union“ ist die gebräuchliche Abkürzung für die „Pariser Verbandsübereinkunft vom 20. März 1883 zum Schutze des gewerblichen Eigentums, revidiert in Brüssel am 14. Dezember 1900 und in Washington am 2. Juni 1911. Vom 2. Juni 1911“. Da diese Übereinkunft anfangs von einer kleineren Anzahl von Staaten in Paris abgeschlossen wurde, wird sie auch die „Pariser Konvention“ genannt. Ferner werden noch die Bezeichnungen: „Zwischenstaatliche Übereinkunft“ oder kurz „Verband“ gebraucht.

Heute gehören der Internationalen Union fast alle Kulturstaaten in den fünf Erdteilen an.

Während die Internationale Union sich seit ihrer Gründung im Jahre 1883 durch Beitritt weiterer Staaten und durch wiederholte Verbesserungen ihrer Bestimmungen auf internationalen Kongressen günstig entwickelt hatte und zweifellos einen großen Einfluß zur Erleichterung der zwischenstaatlichen Handelsbeziehungen und zur Entwicklung des Fortschritts der Technik ausübte, hat sie durch den Weltkrieg von 1914 bis 1919 Erschütterungen in ihrem Bestande erlitten. Während das Reichsgericht in Deutschland sich schon kurz nach Ausbruch des Krieges auf den Standpunkt stellte, daß die Gültigkeit des Unionsvertrages durch den Krieg nicht außer Kraft gesetzt sei (Bl. 1914, S. 342), haben die alliierten Mächte teilweise die Bestimmungen der Union aufgehoben. Der Vertrag von Versailles vom 28. Juni 1919 enthält in Art. 286 die Bestimmung, daß der Unionsvertrag wieder in Kraft treten soll, woraus zu entnehmen ist, daß er während des Krieges zwischen den feindlichen Staaten als nicht bestehend angesehen wurde. Im Verhältnis der verbündeten Staaten untereinander sowie zu den Neutralen hat er keine Unterbrechung erfahren. Auch wurden in diesem Vertrage einzelne Abänderungen bestimmt (Art. 306 bis 311 des Vertrages von Versailles).

Von den während des Krieges bestehenden Schutzrechten haben die feindlichen Staaten zahlreiche beschlagnahmt.

Für die nach Friedensschluß erworbenen Schutzrechte dagegen gelten im wesentlichen die früheren Bestimmungen.

Trotz dieser Störungen hat sich gezeigt, daß die Grundsätze der Internationalen Union für richtig und für die Interessen der Angehörigen aller Länder als vorteilhaft angesehen werden, was sowohl daraus entnommen werden kann, daß die Internationale Union im Versailler Vertrag wieder in Kraft gesetzt wurde, als auch aus dem Beitritt zahlreicher Staaten nach dem Kriege, nämlich:

Bulgarien	Marokko (mit Ausnahme der spanischen Zone)
Estland	Polen
Freie Stadt Danzig	Rumänien
Finnland	Serbien-Kroatien-Slowenien
Kanada	Tschechoslowakei
Luxemburg	

Die Bestimmungen der Union beziehen sich auf Patente, Gebrauchsmuster, Schutzmarken und andere Warenbezeichnungen, Handelsnamen, auf den Schutz der Muster und Modelle sowie die Bekämpfung des unlauteren Wettbewerbs. Ferner sind noch einige weitere Bestimmungen, z. B. über den Schutz von auf Ausstellungen gezeigten Gegenständen, aufgenommen.

Der wichtigste Inhalt des Übereinkommens besteht darin, daß alle Angehörigen der Unionsstaaten in den andern der Union angehörenden Staaten denselben Schutz genießen wie die Angehörigen des eigenen Landes. Es ist jedoch nicht, wie vielfach angenommen wird, ein für alle Staaten gleichmäßiges Gesetz geschaffen worden, sondern die Gesetze der einzelnen Staaten bleiben bestehen, die Bestimmungen des Unionsvertrages treten neben diese Gesetze mit gesetzlicher Kraft. Allerdings sind auch einzelne Abänderungen der innerstaatlichen Gesetzesvorschriften vorgenommen worden, um diese mit den Bestimmungen der Union in Einklang zu bringen. Ferner genügt auch nicht die Erlangung eines Schutzrechtes in einem der Staaten zur Erlangung desselben Schutzes in allen übrigen Unionsstaaten, sondern es muß das Schutzrecht in jedem einzelnen Staate nach den Gesetzen des betreffenden Landes nachgesucht und erlangt werden.

Ursprünglich war beabsichtigt worden, für alle Staaten ein gemeinsam gültiges Patentgesetz zu errichten, jedoch ist man hiervon abgekommen und hat sich mit den oben angedeuteten Bestimmungen begnügt. Dagegen ist für Warenzeichen ein anderes internationales Abkommen, das sog. „Madrider Abkommen, betreffend die internationale Markenregistrierung" zwischen einem engeren Kreis der Verbandsstaaten getroffen worden, nach welchem die Eintragung für alle diesem Madrider Abkommen angehörenden Staaten durch eine Anmeldung bei einem in Bern befindlichen internationalen Bureau erwirkt wird. Dieses Madrider Abkommen ist aber von der Internationalen Union vollständig unabhängig und eine selbständige Einrichtung. Deutschland ist dem Madrider Abkommen am 1. Dezember 1922 beigetreten.

Ebenso wurde schon wiederholt vorgeschlagen, eine ähnliche Übereinkunft wie das Madrider Abkommen für das Musterrecht zu treffen, wonach die Eintragung in einem hierzu geschaffenen internationalen Bureau für alle Staaten gleichzeitig stattfinden würde[1]).

Die zweite wichtigste Bestimmung des Unionsvertrages sieht ein Prioritätsrecht zur Anmeldung von Auslandspatenten, Warenzeichen usw. innerhalb von 12 bzw. 4 Monaten seit der Anmeldung im Ursprungslande vor.

Des weiteren besteht noch ein „Madrider Abkommen, betreffend Bekämpfung falscher Ursprungsangaben", welches ebenfalls nur zwischen einem Teil der Unionsstaaten abgeschlossen ist und deren Bestimmungen auch nicht zu der hier behandelten „Internationalen Union" gehören. Diesem Abkommen ist Deutschland bisher nicht beigetreten. Der Beitritt ist jedoch in Bälde zu erwarten.

2. Kurze geschichtliche Übersicht.

Die erste Anregung zu einer internationalen Verständigung über den Patentschutz ging, von Vorschlägen einzelner Personen abgesehen, von dem Wiener internationalen Patentkongreß im Jahre 1873 aus. Dieser faßte eine Resolution, daß in Anbetracht der veränderten internationalen Verkehrsbeziehungen der Jetztzeit das Bedürfnis für Reformen vorliege und es dringend zu empfehlen sei, daß die Regierungen sobald wie möglich eine internationale Verständigung über den Patentschutz herbeizuführen suchen.

Bei dieser Anregung sowie einer ähnlichen Resolution, welche auf dem Pariser internationalen Kongreß für gewerblichen Rechtsschutz im Jahre 1878 gefaßt wurde, hatte man im Auge gehabt,

[1]) Internationale Vereinigung für gewerblichen Rechtsschutz, Beschlüsse des Stockholmer Kongresses am 26. bis 30. August 1908 (G. R. u. U. 1908, S. 284).

für alle Länder eine einheitliche Patentgesetzgebung zustande zu bringen. Es hatte sich jedoch bald gezeigt, daß man eine so weitgehende Einigung nicht zustande bringen könne. Man hat sich daher darauf beschränkt, eine Regelung für den internationalen Verkehr im gewerblichen Rechtsschutz aufzustellen, wobei die Gesetze jedes Landes unberührt blieben, soweit nicht Änderungen im einzelnen zum Zwecke der Ermöglichung des zwischenstaatlichen Schutzes notwendig waren.

Auf dieser Grundlage wurde dann zunächst von einer kleineren Anzahl Staaten, zu denen Deutschland noch nicht gehörte, die internationale Übereinkunft zum Schutze des gewerblichen Eigentums vom 20. März 1883 in Paris abgeschlossen. Diese sog. Union trat am 7. Juli 1884 in Kraft.

Schon damals wurde im Art. 14 bestimmt, daß in periodischen Zeiträumen Konferenzen zur Revision dieser Übereinkunft stattfinden sollten. Es fand nun eine Reihe solcher Konferenzen statt, von welchen diejenige in Brüssel am 14. Dezember 1900 dazu führte, daß ein neuer revidierter Text von den beteiligten Staaten angenommen wurde.

Deutschland blieb auch jetzt noch der Union fern, da seine Patent- und Warenzeichengesetze mit dem Unionsgesetz nicht in Einklang zu bringen waren. Erst nachdem durch eine weitere Revision des Unionsvertrags vom 14. Dezember 1900 dieser Mangel behoben war, erklärte Deutschland seinen Beitritt mit Wirkung vom 1. Mai 1903 an.

Die nächste Revision, welche die Union wesentlich verbesserte, wurde in Washington am 2. Juni 1911 abgeschlossen.

Während des Weltkriegs wurde der Unionsvertrag von den Kriegführenden teilweise außer Kraft gesetzt, wie unter Art. 2 näher ausgeführt. Nach Friedensschluß trat er, von unwesentlichen Änderungen abgesehen, wieder in Kraft.

Der nächste Kongreß soll im Haag stattfinden. Es werden jetzt schon in den beteiligten Staaten Vorschläge zu Verbesserungen ausgearbeitet.

Text.

Die das Gesetz enthaltende Akte ist in einem einzigen Exemplar in französischer Sprache im Archiv der Regierung der Vereinigten Staaten hinterlegt worden. Maßgebend ist allein der französische Text. Die beigefügte, amtlicherseits angefertigte Übersetzung genügt im allgemeinen zur Kenntnis seiner Bestimmungen. Nur für richterliche Entscheidungen und wissenschaftliche Abhandlungen wird in der Regel der französische Text mit berücksichtigt.

Für Deutschland kommen noch die ebenfalls hier abgedruckten Gesetze in Betracht, nämlich das Gesetz zur Ausführung der revidierten Pariser Übereinkunft vom 2. Juni 1911 zum Schutze des gewerblichen Eigentums, welches am 31. März 1913 in Deutschland nach erfolgter Zustimmung des Bundesrats und des Reichstags in Kraft getreten ist, und ferner die Bekanntmachung des Reichskanzlers vom 8. April 1913, betreffend die Geltendmachung des im Art. 4 der revidierten Pariser Übereinkunft vom 2. Juni 1911 zum Schutze des gewerblichen Eigentums vorgesehenen Prioritätsrechts.

3. Text der Union und Ausführungsverordnungen.

a) Text der Union.

Convention d'Union de Paris du 20 mars 1883 pour la Protection de la Propriété industrielle revisée à Bruxelles le 14 décembre 1900 et à Washington le 2 juin 1911.

Sa Majesté l'Empereur d'Allemagne, Roi de Prusse, au nom de l'Empire Allemand; Sa Majesté l'Empereur d'Autriche, Roi de Bohême, etc. et Roi Apostolique de Hongrie, pour l'Autriche et pour la Hongrie; Sa Majesté le Roi des Belges; le Président des États-Unis de Brésil; le Président de la République de Cuba; Sa Majesté le Roi de Danemark; le Président de la République Dominicaine; Sa Majesté le Roi d'Espagne; le Président des États-Unis d'Amérique; le Président de la République Française; Sa Majesté le Roi du Royaume-Uni de la Grande-Bretagne et d'Irlande et des Territoires Britanniques au delà des mers, Empereur des Indes; Sa Majesté le Roi d'Italie; Sa Majesté l'Empereur du Japon; le Président des États-Unis du Mexique; Sa Majesté le Roi de Norvège; Sa Majesté la Reine des Pays-Bas; le Président du Gouvernement Provisoire de la République du Portugal; Sa Majesté le Roi de Serbie; Sa Majesté le Roi de Suède; le Conseil Fédéral de la Confédération Suisse; le Gouvernement Tunisien,

Pariser Verbandsübereinkunft vom 20. März 1883 zum Schutze des gewerblichen Eigentums, revidiert in Brüssel am 14. Dezember 1900 und in Washington am 2. Juni 1911.

Seine Majestät der Deutsche Kaiser, König von Preußen, im Namen des Deutschen Reichs; Seine Majestät der Kaiser von Österreich, König von Böhmen usw. und Apostolischer König von Ungarn, für Österreich und für Ungarn; Seine Majestät der König der Belgier; der Präsident der Vereinigten Staaten von Brasilien; der Präsident der Republik Cuba; Seine Majestät der König von Dänemark; der Präsident der Dominikanischen Republik; Seine Majestät der König von Spanien; der Präsident der Vereinigten Staaten von Amerika; der Präsident der Französischen Republik; Seine Majestät der König des Vereinigten Königsreichs von Großbritannien und Irland und der Britischen überseeischen Besitzungen, Kaiser von Indien; Seine Majestät der König von Italien; Seine Majestät der Kaiser von Japan; der Präsident der Vereinigten Staaten von Mexiko; Seine Majestät der König von Norwegen; Ihre Majestät die Königin der Niederlande; der Präsident der provisorischen Regierung der Republik Portugal; Seine Majestät der König von Serbien; Seine Majestät der König von Schweden; der Bundesrat der Schweizerischen Eidgenossenschaft; die Tunesische Regierung,

Ayant jugé utile d'apporter certaines modifications et additions à la Convention internationale du 20 mars 1883, portant création d'une Union internationale pour la Protection de la Propriété industrielle, revisée à Bruxelles le 14 décembre 1900,

Überzeugt von der Zweckmäßigkeit gewisser Änderungen und Ergänzungen der internationalen Übereinkunft vom 20. März 1883, welche einen internationalen Verband zum Schutze des gewerblichen Eigentums geschaffen und zu Brüssel am 14. Dezember 1900 eine Revision erfahren hat,

Ont nommé pour Leurs Plénipotentiaires, savoir:

Haben zu ihren Bevollmächtigten ernannt:

(Folgen die Namen.)

Lesquels, après s'être communiqué leurs pleins pouvoirs respectifs, trouvés en bonne et due forme, sont convenus des articles suivants:

Welche, nach gegenseitiger Mitteilung ihrer in guter und gehöriger Form befundenen Vollmachten, folgende Artikel vereinbart haben:

Article premier.

Les pays contractants sont constitués à l'état d'Union pour la protection de la propriété industrielle.

Artikel 1.

Die vertragschließenden Länder bilden einen Verband zum Schutze des gewerblichen Eigentums.

Article 2.

Les sujets ou citoyens de chacun des pays contractants jouiront, dans tous les autres pays de l'Union, en ce qui concerne les brevets d'invention, les modèles d'utilité, les dessins ou modèles industriels, les marques de fabrique ou de commerce, le nom commercial, les indications de provenance, la répression de la concurrence déloyale des avantages que les lois respectives accordent actuellement ou accorderont par la suite aux nationaux. En conséquence, ils auront la même protection que ceux-ci et le même recours légal contre toute atteinte portée à leurs droits, sous réserve de l'accomplissement des conditions et formalités imposées aux nationaux. Aucune obligation de domicile ou d'établissement dans le pays où la protection est réclamée ne pourra être imposée aux ressortissants de l'Union.

Artikel 2.

Die Untertanen oder Bürger der vertragschließenden Länder sollen in allen übrigen Ländern des Verbandes in betreff der Erfindungspatente, der Gebrauchsmuster, der gewerblichen Muster oder Modelle, der Fabrik- oder Handelsmarken, der Handelsnamen, der Herkunftsbezeichnungen und der Unterdrükkung des unlauteren Wettbewerbes die Vorteile genießen, welche die betreffenden Gesetze den Staatsangehörigen gegenwärtig gewähren oder in Zukunft gewähren werden. Demgemäß sollen sie denselben Schutz wie diese und dieselbe Rechtshilfe gegen jeden Eingriff in ihre Rechte haben, vorbehaltlich der Erfüllung der Förmlichkeiten und Bedingungen, welche den Staatsangehörigen durch die innere Gesetzgebung auferlegt werden. Die Verpflichtung, einen Wohnsitz oder eine Niederlassung in dem Lande zu haben, wo der Schutz beansprucht wird, darf den Verbandsangehörigen nicht auferlegt werden.

Article 3.

Sont assimilés aux sujets ou citoyens des pays contractants, les sujets ou citoyens des pays ne faisant pas partie de l'Union, qui sont domiciliés ou ont des établissements industriels ou commerciaux effectifs et sérieux sur le territoire de l'un des pays de l'Union.

Artikel 3.

Den Untertanen oder Bürgern der vertragschließenden Länder werden gleichgestellt die Untertanen oder Bürger der dem Verbande nicht beigetretenen Länder, welche im Gebiet eines der Verbandsländer ihren Wohnsitz oder tatsächliche und wirkliche gewerbliche oder Handelsniederlassungen haben.

Article 4.

a) Celui qui aura régulièrement fait le dépôt d'une demande de brevet d'invention, d'un modèle d'utilité, d'un dessin ou modèle industriel, d'une marque de fabrique ou de commerce, dans l'un des pays contractants, ou son ayant cause, jouira, pour effectuer le dépot dans les autres pays, et sous réserve des droits des tiers, d'un droit de priorité pendant les délais déterminés ci-après.

b) En conséquence, le dépôt ultérieurement opéré dans l'un des autres pays de l'Union avant l'expiration de ces délais, ne pourra être invalidé par des faits accomplis dans l'intervalle, soit, notamment, par un autre dépôt, par la publication de l'invention ou son exploitation, par la mise en vente d'exemplaires du dessin ou du modèle, par l'emploi de la marque.

c) Les délais de priorité mentionnés cidessus seront de douze mois pour les brevets d'invention et les modèles d'utilité et de quatre mois pour les dessins et modèles industriels et pour les marques de fabrique ou de commerce.

d) Quiconque voudra se prévaloir de la priorité d'un dépôt antérieur, sera tenu de faire une déclaration indiquant la date et le pays de ce dépôt. Chaque pays determinera à quel moment, au plus tard, cette déclaration devra être effectuée.

Artikel 4.

a) Derjenige, welcher in einem der vertragschließenden Länder ein Gesuch um ein Erfindungspatent, ein Gebrauchsmuster, ein gewerbliches Muster oder Modell, eine Fabrik- oder Handelsmarke vorschriftsmäßig hinterlegt, oder sein Rechtsnachfolger soll zum Zwecke der Hinterlegung in den anderen Ländern während der unten bestimmten Fristen und vorbehaltlich der Rechte Dritter ein Prioritätsrecht genießen.

b) Demgemäß soll die hiernächst in einem der übrigen Verbandsländer vor Ablauf dieser Fristen bewirkte Hinterlegung durch inzwischen eingetretene Tatsachen, wie namentlich durch eine andere Hinterlegung, durch die Veröffentlichung der Erfindung oder deren Ausübung durch das Feilbieten von Exemplaren des Musters oder Modells, durch die Anwendung der Marke nicht unwirksam gemacht werden können.

c) Die oben erwähnten Prioritätsfristen sollen zwölf Monate für Erfindungspatente und Gebrauchsmuster und vier Monate für gewerbliche Muster oder Modelle und für Fabrik- oder Handelsmarken betragen.

d) Wer die Priorität einer vorhergehenden Hinterlegung in Anspruch nehmen will, hat eine Erklärung über die Zeit und das Land dieser Hinterlegung abzugeben. Jedes Land bestimmt, bis wann die Erklärung spätestens abgegeben

Ces indications seront mentionnées dans les publications émanant de l'Administration compétente, notamment sur les brevets et les descriptions y relatives. Les pays contractants pourront exiger de celui qui fait une d'éclaration de priorité la production d'une copie de la demande (description, dessins, etc.) déposée antérieurement, certifiée conforme par l'Administration qui l'aura reçue. Cette copie sera dispensée de toute légalisation. On pourra exiger qu'elle soit accompagnée d'un certificat de la date du dépôt, émanant de cette Administration, et d'une traduction. D'autres formalités ne pourront être requises pour la déclaration de priorité au moment du dépôt de la demande. Chaque pays contractant déterminera les conséquences de l'omission des formalités prévues par le présent article, sans que ces conséquences puissent excéder la perte du droit de priorité.

e) Ultérieurement d'autres justifications pourront être demandées.

Article 4bis.

Les brevets demandés dans les différents pays contractants par des personnes admises au bénéfice de la Convention aux termes des articles 2 et 3, seront indépendants des brevets obtenus pour la même invention dans les autres pays adhérents ou non à l'Union.

Cette disposition doit s'entendre d'une façon absolue, notamment en ce sens que les brevets demandés pendant le délai de priorité sont indépendants, tant au point de vue des causes de nullité et de déchéance, qu'au point de vue de la durée normale.

werden muß. Die Angaben sind in die von der zuständigen Behörde ausgehenden Veröffentlichungen, insbesondere in die Patenturkunden und die zugehörigen Beschreibungen, aufzunehmen. Die vertragschließenden Länder können von demjenigen, welcher eine Prioritätserklärung abgibt, fordern, daß er die frühere Anmeldung (Beschreibung, Zeichnungen usw.) in einer Abschrift vorlegt, die von der Behörde, welche die Anmeldung empfangen hat, als übereinstimmend bescheinigt ist. Diese Abschrift soll von jeder Legalisation befreit sein. Es kann gefordert werden, daß ihr eine von dieser Behörde ausgestellte Bescheinigung über die Zeit der Hinterlegung und eine Übersetzung beigefügt wird. Andere Förmlichkeiten für die Prioritätserklärung dürfen bei der Hinterlegung des Gesuchs nicht gefordert werden. Jedes vertragschließende Land wird die Folgen der Außerachtlassung der durch den gegenwärtigen Artikel vorgesehenen Förmlichkeiten bestimmen, jedoch dürfen diese Folgen über den Verlust des Prioritätsrechts nicht hinausgehen.

e) Später dürfen andere Nachweisungen gefordert werden.

Artikel 4b.

Die Patente, deren Erteilung in den verschiedenen vertragschließenden Ländern von den zur Wohltat der Übereinkunft nach Maßgabe der Artikel 2 und 3 verstatteten Personen beantragt wird, sollen von den für dieselbe Erfindung in anderen zum Verbande gehörenden oder nicht gehörenden Ländern erteilten Patenten unabhängig sein.

Diese Bestimmung ist ohne jede Einschränkung zu verstehen, insbesondere in dem Sinne, daß die während der Prioritätsfrist angemeldeten Patente sowohl hinsichtlich der Gründe der Nichtigkeit und des Verfalls als auch hinsichtlich der gesetzmäßigen Dauer unabhängig sind.

Elle s'applique à tous les brevets existant au moment de sa mise en vigueur.

Il en sera de même, en cas d'accession de nouveaux pays, pour les brevets existant de part et d'autre au moment de l'accession.

Article 5.

L'introduction, par le breveté, dans le pays où le brevet a été délivré, d'objets fabriqués dans l'un ou l'autre des pays de l'Union, n'entraînera pas la déchéance.

Toutefois, le breveté restera soumis à l'obligation d'exploiter son brevet conformément aux lois du pays où il introduit les objets brevetés, mais avec la restriction que le brevet ne pourra être frappé de déchéance pour cause de non-exploitation dans un des pays de l'Union qu'après un délai de trois ans, compté à partir du dépôt de la demande dans ce pays, et seulement dans les cas où le breveté ne justifierait pas des causes de son inaction.

Article 6.

Toute marque de fabrique ou de commerce régulièrement enregistrée dans le pays d'origine sera admise ou dépôt et protégée telle quelle dans les autres pays de l'Union.

Toutefois, pourront être refusées ou invalidées:

1° Les marques qui sont de nature à porter atteinte à des droits acquis par des tiers dans le pays où la protection est réclamée.

2° Les marques dépourvues de tout caractère distinctif, ou bien composées exclusivement de signes ou d'indications pouvant servir, dans le commerce, pour désigner l'espèce, la qualitè, la quantité, la destination, la valeur, le lieu d'origine des produits ou l'époque de production, ou devenus usuels dans le langage

Sie findet auf alle zur Zeit ihres Inkrafttretens bestehenden Patente Anwendung.

Für den Fall des Beitritts neuer Länder soll es mit den im Zeitpunkt des Beitritts auf beiden Seiten bestehenden Patenten ebenso gehalten werden.

Artikel 5.

Die durch den Patentinhaber bewirkte Einfuhr von Gegenständen, welche in einem oder dem anderen Verbandsland hergestellt sind, in das Land, in welchem das Patent erteilt worden ist, soll den Verfall des letzteren nicht zur Folge haben.

Gleichwohl soll der Patentinhaber verpflichtet bleiben, sein Patent nach Maßgabe der Gesetze des Landes, in welches er die patentierten Gegenstände einführt, auszuüben, jedoch mit der Einschränkung, daß der Verfall eines Patents wegen Nichtausübung in einem Verbandsland erst nach Ablauf von drei Jahren seit der Hinterlegung des Gesuchs in diesem Lande und nur dann ausgesprochen werden kann, wenn der Patentinhaber Gründe für seine Untätigkeit nicht dartut.

Artikel 6.

Jede im Ursprungslande vorschriftsmäßig eingetragene Fabrik- oder Handelsmarke soll so wie sie ist in den anderen Verbandsländern zur Hinterlegung zugelassen und geschützt werden.

Es können jedoch zurückgewiesen oder für ungültig erklärt werden:

1. Marken, die geeignet sind, Rechte zu verletzen, die von Dritten in dem Lande, wo der Schutz beansprucht wird, erworben sind.

2. Marken, die jeder Unterscheidungskraft entbehren oder ausschließlich aus Zeichen oder Angaben zusammengesetzt sind, die im Verkehre zur Bezeichnung der Art, der Beschaffenheit, der Menge, der Bestimmung, des Wertes, des Ursprungsorts der Waren oder der Zeit der Erzeugung dienen können, oder

courant ou les habitudes loyales et constantes du commerce du pays où la protection est réclamée.

die in der üblichen Sprache oder in den redlichen und ständigen Verkehrsgepflogenheiten des Landes, wo der Schutz beansprucht wird, gebräuchlich geworden sind.

Dans l'appréciation du caractère distinctif d'une marque, on devra tenir compte de toutes les circonstances de fait, notamment de la durée de l'usage de la marque.

Bei der Würdigung der Unterscheidungskraft einer Marke sind alle Tatumstände zu berücksichtigen, insbesondere die Dauer des Gebrauchs der Marke.

3° Les marques qui sont contraires à la morale ou à l'ordre public.

3. Marken, die gegen die guten Sitten oder die öffentliche Ordnung verstoßen.

Sera considéré comme pays d'origine le pays où le déposant a son principal établissement.

Als Ursprungsland soll das Land angesehen werden, in welchem der Hinterlegende seine Hauptniederlassung hat.

Si ce principal établissement n'est point situé dans un des pays de l'Union, sera consideré comme pays d'origine celui auquel appartient le déposant.

Liegt die Hauptniederlassung nicht in einem der Verbandsländer, so soll als Ursprungsland dasjenige angesehen werden, welchem der Hinterlegende angehört.

Article 7.

La nature du produit sur lequel la marque de fabrique ou de commerce doit être apposée ne peut, dans aucun cas, faire obstacle au dépôt de la marque.

Artikel 7.

Die Natur des Erzeugnisses, auf welchem die Fabrik- oder Handelsmarke angebracht werden soll, darf in keinem Falle die Hinterlegung der Marke hindern.

Article 7bis.

Les pays contractants s'engagent à admettre au dépôt et à protéger les marques appartenant à des collectivités dont l'existence n'est pas contraire à la loi du pays d'origine, même si ces collectivités ne possèdent pas un établissement industriel ou commercial.

Artikel 7b.

Die vertragschließenden Länder verpflichten sich, Marken, die Verbänden gehören, deren Bestehen dem Gesetze des Ursprungslandes nicht zuwiderläuft, auch dann zur Hinterlegung zuzulassen und zu schützen, wenn diese Verbände eine gewerbliche oder Handelsniederlassung nicht besitzen.

Cependant chaque pays sera juge des conditions particulières sous lesquelles une collectivité pourra être admise à faire protéger ses marques.

Es steht jedoch jedem Lande zu, frei darüber zu bestimmen, unter welchen besonderen Bedingungen ein Verband zum Schutze seiner Marken zugelassen werden kann.

Article 8.

Le nom commercial sera protégé dans tous les pays de l'Union sans obligation de dépôt, qu'il fasse ou non partie d'une marque de fabrique ou de commerce.

Artikel 8.

Der Handelsname soll in allen Verbandsländern, ohne Verpflichtung zur Hinterlegung, geschützt werden, gleichviel, ob er den Teil einer Fabrik- oder Handelsmarke bildet oder nicht.

Article 9.

Tout produit portant illicitement une marque de fabrique ou de commerce, ou un nom commercial, sera saisi à l'importation dans ceux des pays de l'Union dans lesquels cette marque ou ce nom commercial ont droit à la protection légale.

Si la législation d'un pays n'admet pas la saisie à l'importation, la saisie sera remplacée par la prohibition d'importation.

La saisie sera également effectuée dans le pays où l'apposition illicite aura eu lieu, ou dans le pays où aura été importé le produit.

La saisie aura lieu à la requête soit du ministère public, soit de toute autre autorité compétente, soit dune partie intéressée, particulier ou société, conformément à la législation intérieure de chaque pays.

Les autorités ne seront pas tenues d'effectuer la saisie en cas de transit.

Si la législation d'un pays n'admet ni la saisie à l'importation, ni la prohibition d'importation, ni la saisie à l'intérieur, ces mesures seront remplacées par les actions et moyens que la loi de ce pays assurerait en pareil cas aux nationaux.

Artikel 9.

Jedes widerrechtlich mit einer Fabrik- oder Handelsmarke oder mit einem Handelsnamen versehene Erzeugnis ist bei der Einfuhr in diejenigen Verbandsländer, in welchen diese Marke oder dieser Handelsname Recht auf gesetzlichen Schutz hat, zu beschlagnahmen.

Läßt die Gesetzgebung eines Landes die Beschlagnahme bei der Einfuhr nicht zu, ist die Beschlagnahme durch das Verbot der Einfuhr zu ersetzen.

Die Beschlagnahme ist auch in dem Lande vorzunehmen, wo die widerrechtliche Anbringung stattgefunden hat, oder in dem Lande, wohin das Erzeugnis eingeführt worden ist.

Die Beschlagnahme erfolgt gemäß der inneren Gesetzgebung jedes Landes auf Antrag entweder der Staatsanwaltschaft oder einer anderen zuständigen Behörde oder einer beteiligten Partei, sei diese eine Einzelperson oder eine Gesellschaft.

Die Behörden sollen nicht gehalten sein, die Beschlagnahme im Falle der Durchfuhr zu bewirken.

Läßt die Gesetzgebung eines Landes weder die Beschlagnahme bei der Einfuhr noch das Einfuhrverbot noch die Beschlagnahme im Inland zu, so sind diese Maßnahmen durch diejenigen Klagen und Rechtsbehelfe zu ersetzen, die das Gesetz dieses Landes im gleichen Falle den Staatsangehörigen sichert.

Article 10.

Les dispositions de l'article précédent seront applicables à tout produit portant faussement, comme indication de provenance, le nom d'une localité déterminée, lorsque cette indication sera jointe à un nom commercial fictif ou emprunté dans une intention frauduleuse.

Est réputé partie intéressée tout producteur, fabricant ou commerçant,

Artikel 10.

Die Bestimmungen des vorigen Artikels sollen auf jedes Erzeugnis anwendbar sein, welches als Bezeichnung der Herkunft fälschlich den Namen eines bestimmten Ortes trägt, wenn diese Bezeichnung einem erfundenen oder einem zum Zwecke der Täuschung entlehnten Handelsnamen beigefügt wird.

Als Beteiligter gilt jeder Produzent, Fabrikant oder Kaufmann, engagé dans la production, la fabrication ou le commerce de ce produit, et établi soit dans la localité faussement indiquée comme lieu de provenance, soit dans la région où cette localité est située.

welcher die Produktion oder die Fabrikation des Erzeugnisses oder den Handel mit demselben betreibt und in dem fälschlich als Herkunftsort bezeichneten Orte oder in der Gegend, in der dieser Ort liegt, seine Niederlassung hat.

Article 10bis.

Tous les pays contractants s'engagent à assurer aux ressortissants de l'Union une protection effective contre la concurrence déloyale.

Artikel 10b.

Alle vertragschließenden Länder verpflichten sich, den Angehörigen des Verbandes einen wirksamen Schutz gegen unlauteren Wettbewerb zu sichern.

Article 11.

Les pays contractants accorderont, conformément à leur législation intérieure, une protection temporaire aux inventions brevetables, aux modèles d'utilité, aux dessins ou modèles industriels, ainsi qu'aux marques de fabrique ou de commerce, pour les produits qui figureront aux expositions internationales officielles ou officiellement reconnues, organisées sur le territoire de l'un d'eux.

Artikel 11.

Die vertragschließenden Länder werden den patentfähigen Erfindungen, den Gebrauchsmustern, den gewerblichen Mustern oder Modellen sowie den Fabrik- oder Handelsmarken für Erzeugnisse, welche auf den im Gebiet eines von ihnen veranstalteten, amtlichen oder amtlich anerkannten internationalen Ausstellungen zur Schau gestellt werden, in Gemäßheit der Gesetzgebung jedes Landes einen zeitweiligen Schutz gewähren.

Die Art. 12 bis 19 sind hier nicht abgedruckt, da die Auslegung zu Zweifeln kaum Anlaß bietet. Die deutschen Texte finden sich unter „4. Erläuterungen". Der französische Text ist mit abgedruckt im Blatt für Patent-, Muster- und Zeichenwesen 1913. S. 151.

Protocole de clôture.

Au moment de procéder à la signature de l'Acte conclu à la date de ce jour, les Plénipotentiaires soussignées sont convenus de ce qui suit:

Schlußprotokoll.

Im Begriffe, die Unterzeichnung der am heutigen Tage abgeschlossenen Akte zu vollziehen, sind die unterzeichneten Bevollmächtigten über Nachstehendes übereingekommen:

Ad Article premier.

Les mots „Propriété industrielle" doivent être pris dans leur acception la plus large; ils s'étendent à toute production du domaine des industries agricoles (vins, grains, fruits, bestiaux, etc.), et extractives (minéraux, eaux minérales, etc.).

Zu Artikel 1.

Die Worte „gewerbliches Eigentum" sollen in ihrer weitesten Bedeutung verstanden werden; sie umfassen jede Produktion auf dem Gebiete der Landwirtschaft (Wein, Getreide, Früchte, Vieh usw.) und der Gewinnung der Bodenschätze (Mineralien, Mineralwässer usw.).

Ad Article 2.

a) Sous le nom de brevet d'invention sont comprises les diverses espèces de brevets industriels admises par les législations des pays contractants, telles que brevets d'importations, brevets de perfectionnement, etc., tant pour les procédés que pour les produits.

b) Il est entendu que la disposition de l'article 2 qui dispense les ressortissants de l'Union de l'obligation de domicile et d'établissement a un caractère interprétatif, et doit, par conséquent, s'appliquer à tous les droits nés en raison de la Convention du 20 mars 1883, avant la mise en vigueur du présent Acte.

c) Il est entendu que les dispositions de l'article 2 ne portent aucune atteinte à la législation de chacun des pays contractants, en ce qui concerne la procédure suivie devant les tribunaux et la compétence de ces tribunaux, ainsi que l'élection de domicile ou la constitution d'un mandataire requises par les lois sur les brevets, les modèles d'utilité, les marques, etc.

Zu Artikel 2.

a) Unter der Bezeichnung „Erfindungspatente" sind die von den Gesetzgebungen der vertragschließenden Länder zugelassenen verschiedenen Arten gewerblicher Patente, wie Einführungs-, Verbesserungs- usw. Patente einbegriffen, und zwar sowohl für Verfahren als auch für Erzeugnisse.

b) Es besteht Einverständnis, daß die Bestimmung des Artikel 2, welche die Verbandsangehörigen von der Verpflichtung eines Wohnsitzes und einer Niederlassung befreit, auslegender Art ist und daher auf alle Rechte Anwendung finden muß, die auf Grund der Übereinkunft vom 20. März 1883 vor dem Inkrafttreten der gegenwärtigen Akte entstanden sind.

c) Es besteht Einverständnis, daß die Gesetzgebung der vertragschließenden Länder über das Verfahren vor den Gerichten und die Zuständigkeit dieser Gerichte sowie die Vorschriften der Gesetze, betreffend Patente, Gebrauchsmuster, Marken usw. über die Wahl des Wohnsitzes oder die Bestellung eines Vertreters durch die Bestimmungen des Artikel 2 in keiner Weise berührt werden.

Ad Article 4.

Il est entendu que, lorsqu'un dessin ou modèle industriel aura été déposé dans un pays en vertu d'un droit de priorité basé sur le dépôt d'un modèle d'utilité, le délai de priorité ne sera que celui que l'article 4 a fixé pour les dessins et modèles industriels.

Zu Artikel 4.

Es besteht Einverständnis, daß, wenn in einem Lande ein gewerbliches Muster oder Modell unter Inanspruchnahme eines auf die Anmeldung eines Gebrauchsmusters gegründeten Prioritätsrechts hinterlegt wird, die Prioritätsfrist nur diejenige sein wird, die der Artikel 4 für gewerbliche Muster und Modelle bestimmt hat.

Ad Article 6.

Il est entendu que la disposition du premier alinéa de l'article 6 n'exclut pas le droit d'exiger du déposant un certificat d'enregistrement régulier au pays d'origine, délivré par l'autorité compétente.

Zu Artikel 6.

Es besteht Einverständnis, daß die Bestimmung des ersten Absatzes des Artikel 6 nicht die Befugnis ausschließt, vom Hinterlegenden eine von der zuständigen Behörde ausgestellte Bescheinigung der ordnungsmäßigen Eintragung im Ursprungslande zu verlangen.

Il est entendu que l'usage des armoiries, insignes ou décorations publiques qui n'aurait pas été autorisé par les pouvoirs compétents, ou l'emploi des signes et poinçons officiels de contrôle et de garantie adoptés par un pays unioniste, peut être considéré comme contraire à l'ordre public dans le sens du n°3 de l'article 6.

Es besteht Einverständnis, daß der Gebrauch von öffentlichen Wappen, Abzeichen oder Ehrenzeichen, der nicht durch die zuständigen Stellen gestattet wurde, oder der Gebrauch der in einem Verbandsland eingeführten amtlichen Prüfungs- und Gewährzeichen und -stempel als gegen die öffentliche Ordnung verstoßend im Sinne der Nr. 3 des Artikel 6 angesehen werden kann.

Ne seront, toutefois, pas considérées comme contraires à l'ordre public les marques qui contiennent, avec l'autorisation des pouvoirs compétents, la reproduction d'armoiries, de décorations ou d'insignes publics.

Es sollen jedoch Marken nicht als gegen die öffentliche Ordnung verstoßend angesehen werden, wenn sie mit Ermächtigung der zuständigen Stellen die Darstellung von öffentlichen Wappen, Abzeichen oder Ehrenzeichen enthalten.

Il est entendu qu'une marque ne pourra être considérée comme contraire à l'ordre public pour la seule raison qu'elle n'est pas conforme à quelque disposition de la législation sur les marques, sauf le cas où cette disposition ellemême concerne l'ordre public.

Es besteht Einverständnis, daß eine Marke nicht schon deshalb als gegen die öffentliche Ordnung verstoßend angesehen werden kann, weil sie einer Vorschrift des Markenrechts nicht entspricht, es sei denn, daß diese Bestimmung selbst die öffentliche Ordnung betrifft.

Le présent Protocole de clôture, qui sera ratifié en même temps que l'Acte conclu à la date de ce jour, sera considéré comme faisant partie intégrante de cet Acte, et aura même force, valeur et durée.

Das gegenwärtige Schlußprotokoll, welches gleichzeitig mit der am heutigen Tage geschlossenen Akte ratifiziert werden soll, soll als wesentlicher Teil dieser Akte angesehen werden und dieselbe Kraft, Gültigkeit und Dauer haben.

En foi de quoi, les Plénipotentiaires respectifs ont signé le présent Protocole.

Zu Urkund dessen haben die betreffenden Bevollmächtigten das gegenwärtige Protokoll unterzeichnet.

Fait à Washington, en un seul exemplaire, le deux juin 1911.

Geschehen zu Washington in einem einzigen Exemplar am 2. Juni 1911.

(Folgen die Namen.)

b) Deutsches Gesetz zur Ausführung der Union.

Gesetz zur Ausführung der revidierten Pariser Übereinkunft vom 2. Juni 1911 zum Schutze des gewerblichen Eigentums. Vom 31. März 1913.

(RGBl 1913, S. 236 ff.)

Wir Wilhelm von Gottes Gnaden Deutscher Kaiser, König von Preußen usw. verordnen im Namen des Reichs, nach erfolgter Zustimmung des Bundesrats und des Reichstags, was folgt:

Artikel I.

Die Vorschriften im § 13 Abs. 1 des Gesetzes, betreffend den Schutz von Gebrauchsmustern, vom 1. Juni 1891 (RGBl. S. 290), im § 23 Abs. 1 des Gesetzes zum Schutze der Warenbezeichnungen vom 12. Mai 1894 (RGBl. S. 441) und im § 28 des Gesetzes gegen den unlauteren Wettbewerb vom 7. Juni 1909 (RGBl. S. 499) finden auf Reichsangehörige keine Anwendung.

Artikel II.

Der Reichskanzler bestimmt, bis wann für die Anmeldung eines Patents, eines Gebrauchsmusters, eines Musters oder Modells, eines Warenzeichens die im Artikel 4 Abs. d der revidierten Pariser Übereinkunft vom 2. Juni 1911 zum Schutze des gewerblichen Eigentums vorgesehene Prioritätserklärung über Zeit und Land der Voranmeldung abzugeben ist, und ob die dort bezeichneten Beweisurkunden gleichzeitig mit der Prioritätserklärung beigebracht werden müssen. Wenn die Erklärung oder die Beweisurkunden nicht zu dem bestimmten Zeitpunkt eingereicht werden, so wird der Prioritätsanspruch für die Anmeldung verwirkt.

Artikel III.

Das Gesetz zum Schutze der Warenbezeichnungen vom 12. Mai 1894 (RGBl. S. 441) wird dahin abgeändert:

1. Der § 4 erhält folgende Fassung:

§ 4.

Die Eintragung in die Rolle ist zu versagen für Freizeichen sowie für Warenzeichen,

1. welche ausschließlich in Zahlen, Buchstaben oder solchen Wörtern bestehen, die Angaben über Art, Zeit und Ort der Herstellung, über die Beschaffenheit, über die Bestimmung, über Preis-, Mengen- oder Gewichtsverhältnisse der Ware enthalten;
2. welche Staatswappen oder sonstige staatliche Hoheitszeichen oder Wappen eines inländischen Ortes, eines inländischen Gemeinde- oder weiteren Kommunalverbandes enthalten;
3. welche Ärgernis erregende Darstellungen oder solche Angaben enthalten, die ersichtlich den tatsächlichen Verhältnissen nicht entsprechen und die Gefahr einer Täuschung begründen.

Die Vorschrift der Nr. 2 findet keine Anwendung, wenn der Anmelder befugt ist, das Wappen oder Hoheitszeichen in dem Warenzeichen zu führen.

Zeichen, welche gelöscht sind, dürfen für die Waren, für welche sie eingetragen waren, oder für gleichartige Waren zugunsten eines anderen als des letzten Inhabers erst nach Ablauf von zwei Jahren seit dem Tage der Löschung von neuem eingetragen werden.

2. Als §§ 24a bis 24h werden folgende Vorschriften eingestellt:

§ 24a.

Rechtsfähige Verbände, die gewerbliche Zwecke verfolgen, können, auch wenn sie einen auf Herstellung oder Vertrieb von Waren gerichteten Geschäftsbetrieb nicht besitzen, Warenzeichen anmelden, die in den Geschäftsbetrieben ihrer Mitglieder zur Kennzeichnung der Waren dienen sollen (Verbandszeichen).

Die juristischen Personen des öffentlichen Rechtes stehen den bezeichneten Verbänden gleich.

Auf die Verbandszeichen finden die Vorschriften über Warenzeichen Anwendung, soweit nicht in §§ 24a bis 24h ein anderes bestimmt ist.

§ 24b.

Der Anmeldung des Verbandszeichens muß eine Zeichensatzung beigefügt sein, die über Namen, Sitz, Zweck und Vertretung des Verbandes, über den Kreis der zur Benutzung des Zeichens Berechtigten, die Bedingungen der Benutzung und die Rechte und Pflichten der Beteiligten im Falle der Verletzung des Zeichens Auskunft gibt. Spätere Änderungen sind dem Patentamt mitzuteilen. Die Einsicht der Satzung steht jedermann frei.

Für jedes Verbandszeichen ist bei der Anmeldung eine Gebühr von hundertfünfzig Mark, bei der Erneuerung der Anmeldung eine Gebühr von fünfig Mark zu entrichten. Führt die erste Anmeldung nicht zur Eintragung, so werden von der Gebühr hundert Mark erstattet.

§ 24c.

Über die Einrichtung der Rolle für die Verbandszeichen trifft das Patentamt Bestimmung.

§ 24d.

Das durch die Anmeldung oder Eintragung des Verbandszeichens begründete Recht kann als solches nicht auf einen anderen übertragen werden.

§ 24e.

Ein Dritter kann unbeschadet der Vorschriften im § 9 Nr. 1, 3 die Löschung des Verbandszeichens beantragen,

1. wenn der Verband, für den das Zeichen eingetragen ist, nicht mehr besteht;
2. wenn der Verband duldet, daß das Zeichen in einer den allgemeinen Verbandszwecken oder der Zeichensatzung widersprechenden Weise benutzt wird. Als eine solche mißbräuchliche Benutzung ist es anzusehen, wenn die Überlassung der Benutzung des Zeichens an andere zu einer Irreführung des Verkehrs Anlaß gibt.

In den Fällen der Nr. 1 findet § 9 Abs. 5 Anwendung.

§ 24f.

Der Anspruch des Verbandes auf Entschädigung wegen unbefugter Benutzung des Verbandszeichens (§ 14) umfaßt auch den einem Mitglied erwachsenen Schaden.

§ 24g.

Wird dem Patentamt nachgewiesen, daß ein eingetragenes Warenzeichen bis zum Inkrafttreten dieses Gesetzes von einem Verband als Verbandszeichen geführt wurde, so ist das Zeichen auf Antrag des Verbandes als Verbandszeichen in der Rolle umzuschreiben. Der Antrag muß innerhalb eines Jahres seit dem Inkrafttreten dieses Gesetzes gestellt werden und den für die Anmeldung eines Verbandszeichens bestehenden Vorschriften entsprechen. Mit dem Eingang des Antrags beginnt die Frist für die Erneuerung des Zeichens.

§ 24h.

Die Vorschriften über Verbandszeichen finden auf ausländische Verbandszeichen nur dann Anwendung, wenn nach einer im RGBl. enthaltenen Bekanntmachung die Gegenseitigkeit verbürgt ist.

Artikel IV.

Dieses Gesetz tritt gleichzeitig mit der revidierten Pariser Übereinkunft vom 2. Juni 1911 zum Schutze des gewerblichen Eigentums in Kraft.

Urkundlich unter Unserer Höchsteigenhändigen Unterschrift und beigedrucktem Kaiserlichen Insiegel.

Gegeben Bad Homburg v. d. Höhe, den 31. März 1913.

(L. S.) Wilhelm. von Bethmann Hollweg.

c) Deutsche Bekanntmachung zur Geltendmachung des Prioritätsrechts.

Bekanntmachung, betreffend die Geltendmachung des in Artikel 4 der revidierten Pariser Übereinkunft vom 2. Juni 1911 zum Schutze des gewerblichen Eigentums vorgesehenen Prioritätsrechts. Vom 8. April 1913[1]).

Auf Grund des Artikel II des Gesetzes zur Ausführung der revidierten Pariser Übereinkunft vom 2. Juni 1911 zum Schutze des gewerblichen Eigentums, vom 31. März 1913 (RGBl. S. 236) wird bestimmt:

Die in Artikel 4 Abs. d der genannten Übereinkunft vorgesehene Prioritätserklärung über Zeit und Land der Voranmeldung ist bei der Anmeldung des Patents, des Gebrauchsmusters, des Musters oder Modells, des Warenzeichens abzugeben. Die gleichzeitige Beibringung der Beweisurkunden ist bis auf weiteres nicht erforderlich.

Berlin, den 8. April 1913.

Der Reichskanzler.
In Vertretung: Delbrück.

4. Erläuterungen.

Pariser Verbandsübereinkunft vom 20. März 1883 zum Schutze des gewerblichen Eigentums, revidiert in Brüssel am 14. Dez. 1900 und in Washington am 2. Juni 1911. Vom 2. Juni 1911. (Internat. Union.)

Artikel 1.

Die vertragschließenden Länder bilden einen Verband zum Schutze des gewerblichen Eigentums.

Schlußprotokoll zu Art. 1.

Die Worte gewerbliches Eigentum sollen in ihrer weitesten Bedeutung verstanden werden; sie umfassen jede Produktion auf dem Gebiete der Landwirtschaft (Getreide, Früchte, Vieh usw.) und der Gewinnung der Bodenschätze (Mineralien, Mineralwässer usw.).

---

1) RGBl. Nr. 24 S. 241.

a) Mitgliedsstaaten der Union.

Der Internationalen Union gehören zur Zeit folgende Staaten an:

Belgien
Brasilien
Bulgarien
Dänemark nebst Faröer-Inseln
Danzig (Freie Stadt)
Deutsches Reich
Dominikanische Republik
Estland
Finnland
Frankreich und Algerien nebst Kolonien
Griechenland
Großbritannien nebst Australischem Staatenbund[1]), Ceylon, Neuseeland, Trinidad u. Tobago
Italien
Japan
Kanada
Kuba
Luxemburg
Marokko (mit Ausnahme der spanischen Zone)
Mexiko
Niederlande nebst Niederländisch-Indien, Surinam und Curacao
Norwegen
Österreich
Polen
Portugal nebst Azoren und Madeira
Rumänien
Schweden
Schweiz
Serbien-Kroatien-Slowenien
Spanien
Tschechoslowakei
Tunis
Ungarn
Vereinigte Staaten von Amerika

Die Kolonien der einzelnen Staaten gehören nur, soweit sie genannt sind, der Union an. Vgl. Art. 16b.

b) Gewerbliches Eigentum.

Das Schlußprotokoll wurde zugefügt, da der Begriff der französischen Worte „propriété industrielle" im Text Anlaß zu Zweifeln gegeben hatte. Die deutsche Übersetzung „gewerbliches Eigentum" bringt diesen Begriff deutlicher zum Ausdruck.

Inwieweit bestimmte Stoffe, z. B. chemische Erzeugnisse und Heilmittel, oder Verfahren zu schützen sind, bleibt der Gesetzgebung der einzelnen Länder vorbehalten.

Die Worte „gewerbliches Eigentum" sollen nicht nur Erfindungspatente und Muster- und Modellschutz bedeuten, sondern es sind damit auch alle andern Schutzrechte, wie sie in den weiteren Artikeln der Union genannt sind, zu verstehen. Der Schutz, den ein Unionsangehöriger in irgendeinem Staate erlangen kann, erstreckt sich natürlich nur auf solche Schutzrechte, für welche in dem betreffenden Lande Gesetze bestehen.

---

[1]) Hat die Washingtoner Akte vom 2. Juni 1911 noch nicht ratifiziert.

c) Gesetzeskraft.

Durch den Verband sind die Staaten nicht zu einem einheitlichen Rechtsgebiet vereinigt worden, sondern sie haben sich nur verpflichtet, den Angehörigen der andern Verbandsländer gewisse Rechte einzuräumen. (Bl. 1914, S. 205.)

Die Bestimmungen der Union erhalten nur infolge der Gesetzgebung in den einzelnen Ländern in diesen Gesetzeskraft, wozu in jedem einzelnen Lande hierauf bezügliche Gesetze besonders erlassen wurden. Falls ein Staat die auf einem Kongreß revidierte Übereinkunft nicht ratifiziert, so gelten für ihn die Bestimmungen der vorhergehenden Revision.

In Deutschland war zur Zeit der Washingtoner Konferenz vom 2. Juni 1911 zur Rechtsgültigkeit eines Gesetzes nach innen die Bekanntmachung durch den Kaiser nach erfolgter Zustimmung des Bundesrats und des Reichstags notwendig. Nach der heute geltenden Verfassung des Deutschen Reiches vom 11. August 1919 werden die Reichsgesetze vom Reichstag beschlossen und müssen dann vom Reichspräsidenten ausgefertigt und binnen Monatsfrist im Reichsgesetzblatt verkündigt werden. Sie treten, soweit sie nichts anderes bestimmen, mit dem 14. Tage nach Ablauf des Tages in Kraft, an dem das Reichsgesetzblatt in der Reichshauptstadt ausgegeben worden ist.

Das Gericht kann bei Anwendung der Konvention nachprüfen, ob der Vertrag verfassungsmäßige Gültigkeit erlangt hat und verkündet worden ist. Eine Nachprüfung der völkerrechtlichen Rechtswirksamkeit oder seiner staatsrechtlichen Gültigkeit in anderen Verbandsstaaten hat das Gericht jedoch nicht anzustellen.

Artikel 2.

Die Untertanen oder Bürger der vertragschließenden Länder sollen in allen übrigen Ländern des Verbandes in betreff der Erfindungspatente, der Gebrauchsmuster, der gewerblichen Muster oder Modelle, der Fabrik- oder Handelsmarken, der Handelsnamen, der Herkunftsbezeichnungen und der Unterdrückung des unlauteren Wettbewerbes die Vorteile genießen, welche die betreffenden Gesetze den Staatsangehörigen gegenwärtig gewähren oder in Zukunft gewähren werden. Demgemäß sollen sie denselben Schutz wie diese und dieselbe Rechtshilfe gegen jeden Eingriff in ihre Rechte haben, vorbehaltlich der Erfüllung der Förmlichkeiten und Bedingungen, welche den Staatsangehörigen durch die innere Gesetzgebung auferlegt werden. Die Verpflichtung, einen Wohnsitz oder eine Niederlassung in dem Lande zu haben, wo der Schutz beansprucht wird, darf den Verbandsangehörigen nicht auferlegt werden.

Aus dem Schlußprotokoll zu Art. 2.

a) Unter der Bezeichnung „Erfindungspatente" sind die von den Gesetzgebungen der vertragschließenden Länder zugelassenen verschiedenen Arten gewerblicher Patente, wie Einführungs-, Verbesserungs- usw. Patente, einbegriffen, und zwar sowohl für Verfahren als auch für Erzeugnisse.

b) Es besteht Einverständnis, daß die Bestimmung des Artikel 2, welche die Verbandsangehörigen von der Verpflichtung eines Wohnsitzes und einer Niederlassung befreit, auslegender Art ist und daher auf alle Rechte Anwendung finden muß, die auf Grund der Übereinkunft vom 20. März 1883 vor dem Inkrafttreten der gegenwärtigen Akte entstanden sind.

c) Es besteht Einverständnis, daß die Gesetzgebung der vertragschließenden Länder über das Verfahren vor den Gerichten und die Zuständigkeit dieser Gerichte sowie die Vorschriften der Gesetze, betreffend Patente, Gebrauchsmuster, Marken usw., über die Wahl des Wohnsitzes oder die Bestellung eines Vertreters durch die Bestimmungen des Artikel 2 in keiner Weise berührt werden.

a) Gleichberechtigung mit den Inländern.

Dieser Artikel enthält die wichtigste Bestimmung der Union, daß die Angehörigen eines Verbandslandes in allen übrigen Verbandsländern die gleichen Rechte in bezug auf die genannten Gesetze genießen wie die Staatsangehörigen selbst. Sie dürfen nicht schlechter gestellt werden, es kann sogar vorkommen, daß sie in gewisser Beziehung besser gestellt sind wie die Angehörigen des betreffenden Landes[1]).

Die akzessorische Natur der Warenzeichen. Dem Grundsatz dieses Artikels nicht streng entsprechend ist die Gesetzgebung der meisten Unionsstaaten, daß für die Eintragung eines Warenzeichens für Ausländer der Heimatsschutz für dasselbe Zeichen nachgewiesen werden muß.

Unter der akzessorischen Natur eines Warenzeichens versteht man die gesetzlichen Bestimmungen, wonach einem Ausländer ein Warenzeichen nur dann eingetragen werden kann, wenn er dasselbe Zeichen in seinem Heimatsstaate besitzt.

Art. 2 des Unionsvertrages bestimmt nun, daß die Angehörigen der Verbandsländer in allen übrigen der Union angehö-

---

[1]) Z. B. kann ein Angehöriger eines Staates, in welchem die Geschäftsfähigkeit einer Person in einem früheren Lebensalter eintritt, auf Grund der Union mit jüngeren Jahren Rechte in Deutschland geltend machen wie ein Inländer. Ferner vgl. Ausführungsgesetz zum Madrider Abkommen betreffend Internationale Warenzeicheneintragung, Geschäftsbetrieb.

renden Staaten dieselben Rechte wie die Inländer genießen sollen. Es wurde daher die Frage aufgeworfen, ob die einzelnen Unionsländer berechtigt seien, von Ausländern den Nachweis des Heimatsschutzes zu verlangen. Bei dem internationalen Kongreß zur Revision der Pariser Übereinkunft in Washington im Jahre 1911 wurde deswegen vorgeschlagen, das Erfordernis des Heimatsschutzes für alle Unionsstaaten abzuschaffen. Der Vorschlag wurde jedoch nicht mit der erforderlichen Einstimmigkeit angenommen.

Es wird daher in den meisten Staaten die akzessorische Natur des Warenzeichenschutzes für Ausländer anerkannt. Auf den Art. 2 des Vertrages kann sich der Unionsangehörige in diesem Falle nicht berufen.

In Deutschland ist der § 23 des Warenbezeichnungsgesetzes maßgebend, welcher lautet:

„Wer im Inlande eine Niederlassung nicht besitzt, hat auf den Schutz dieses Gesetzes nur Anspruch, wenn in dem Staate, in welchem seine Niederlassung sich befindet, nach einer im Reichsgesetzblatt enthaltenen Bekanntmachung deutsche Warenbezeichnungen in gleichem Umfange wie inländische Warenbezeichnungen zum gesetzlichen Schutz zugelassen werden.

Der Anspruch auf Schutz eines Warenzeichens und das durch die Eintragung begründete Recht können nur durch einen im Inlande bestellten Vertreter geltend gemacht werden. Der letztere ist zur Vertretung in dem nach Maßgabe dieses Gesetzes vor dem Patentamt stattfindenden Verfahren sowie in den das Zeichen betreffenden bürgerlichen Rechtsstreitigkeiten und zur Stellung von Strafanträgen befugt. Für die das Zeichen betreffenden Klagen gegen den eingetragenen Inhaber ist das Gericht zuständig, in dessen Bezirk der Vertreter seinen Wohnsitz hat, in dessen Ermangelung das Gericht, in dessen Bezirk das Patentamt seinen Sitz hat.

Wer ein ausländisches Warenzeichen zur Anmeldung bringt, hat damit den Nachweis zu verbinden, daß er in dem Staate, in welchem seine Niederlassung sich befindet, für dieses Zeichen den Markenschutz nachgesucht und erhalten hat. Die Eintragung ist, soweit nicht Staatsverträge ein anderes bestimmen, nur dann zulässig, wenn das Zeichen den Anforderungen dieses Gesetzes entspricht."

Der Abs. 1, welcher die Gegenseitigkeit des Warenzeichenschutzes betrifft, kommt für die Unionsangehörigen nicht in Betracht, da der Unionsvertrag die Gegenseitigkeit verbürgt und der Anspruch auf Warenzeichenschutz daher Unionsangehörigen nicht versagt wird.

Der Abs. 2 betrifft die Notwendigkeit eines Vertreters im Inlande, wie sie auch in Patentangelegenheiten besteht. Vgl. S. 28.

Der Abs. 3 handelt davon, daß der Ausländer bei der Anmeldung eines Warenzeichens in Deutschland den Nachweis der Eintragung in seinem Heimatsstaate zu erbringen hat, und zwar ist der Nachweis notwendig, daß er den Markenschutz nicht nur nachgesucht, sondern auch erlangt hat. Dieser Nachweis ist durch eine Bescheinigung der zuständigen Heimatsbehörde zu führen. Wenn der eingetragene Zeichenschutz nach dem Gesetze des Heimatlandes ungültig war, wenn sich z. B. ergibt, daß ein Geschäftsbetrieb von Anfang an nicht bestanden hat, so wird auch das entsprechende deutsche Zeichen für ungültig erklärt (Bl. 1920 S. 190). Das deutsche Gericht urteilt in diesem Falle nach den Gesetzen des betreffenden Landes. Dagegen besteht Meinungsverschiedenheit darüber, ob das Zeichen in Deutschland weiterbestehen kann, wenn das Zeichen im Heimatlande aus anderen Gründen nachträglich gelöscht worden ist (vgl. Seligsohn Wz. S. 268). Nach den Reichsgerichtsentscheidungen im Bl. 1901 S. 51; 1902 S. 232 und 280 und 1920 S. 191 ist anzunehmen, daß in diesem Falle auch das deutsche Zeichen ungültig ist. Dagegen richtet sich der Schutzumfang des deutschen Zeichens im übrigen nach deutschem Recht (vgl. dieselben Entscheidungen).

Auch für den Ausstattungsschutz nach § 15 des Warenbezeichnungsgesetzes gilt der Grundsatz der akzessorischen Natur (RGSt. 29. Juni 1911, GRuU. 1911 S. 370).

Zwischen dem Inhaber des ausländischen Zeichens oder dessen Rechtsnachfolger und dem Anmelder in Deutschland muß natürlich Identität bestehen. Über die Frage der Rechtsnachfolge ist nach dem Gesetze des betreffenden Landes zu urteilen, ebenso darüber, ob eine ausländische Firma durch ihre beim Wechsel ihrer Inhaber erfolgte Löschung und Wiedereintragung im ausländischen Firmenregister in ihrer Identität berührt wird (Bl. 1911 S. 173).

Da nach § 12 des Warenbezeichnunsgesetzes der Schutz eines Warenzeichens sich auf das Zubehör der Waren, wie Verpackungsmittel und Geschäftspapiere erstreckt, ohne daß diese besonders im Warenverzeichnis angeführt werden, so wird der akzessorische Charakter des Zeichens auch in Beziehung auf dieses Zubehör anerkannt (Bl. 1911 S. 197).

Kritik. Es wäre als durchaus wünschenswert zu bezeichnen, wenn dieses Erfordernis des akzessorischen Schutzes in allen Staaten wegfallen würde. (Ebenso Tagung Berlin.) In früheren Zeiten hat diese Einrichtung insofern Berechtigung gehabt, als das Publikum gewohnt war, anzunehmen, daß ein Warenzeichen die Herkunft der Ware von einer bestimmten Firma oder einem bestimmten Fabrikanten angibt, auf dessen persönliche Tüchtigkeit es sich verlassen konnte. Mit der Zeit hat aber die Verwendung von Schutzmarken so zugenommen und die örtliche Ausbreitung der mit dem Warenzeichen versehenen Gegenstände hat sich so ausgedehnt, daß die mehr persönliche Berührung mit dem Warenzeicheninhaber vollständig verschwunden ist und das kaufende Publikum lediglich darauf sieht, daß es bei der mit demselben Zeichen versehenen Ware dieselbe Qualität wie beim letzten Einkauf erhält. Es würde daher vollkommen genügen, In- oder Ausländern eine beliebige Marke einzutragen, sofern sie dem Gesetze des Landes entspricht[1]).

Der Rechtsschutz darf nicht von der Reziprozität abhängig gemacht werden, d. h. davon, ob der Auslandsstaat den Angehörigen des betreffenden Staates nach einer Bekanntmachung des Reichskanzlers gleichartige Rechte gewährt (vgl. Urteil des Oberlandesgerichts München vom 28. 11. 1913 MuW. 1914/15 S. 234).

Der Schutz entsteht bei Patenten, Gebrauchsmustern, Mustern und Modellen und Marken nicht durch die Entstehung des Schutzes in einem Unionsstaate in den übrigen von selbst, wie vielfach angenommen wird, sondern er muß in jedem Staate besonders nachgesucht und erhalten werden.

b) Kriegsfall.

Während des Weltkriegs wurden die Rechte feindlicher Staatsangehöriger allerdings trotz der Union vielfach nicht geachtet. Bald nach Beginn des Krieges hatten die deutschen Gerichte den Grundsatz aufgestellt, daß sich der Krieg nur gegen den feindlichen Staat und nicht gegen die privaten Rechte der feindlichen Staatsangehörigen richte (Bl. 1914 S. 342). Die angelsächsischen Nationen, denen später auch andere Feindesstaaten folgten, enteigneten und beschränkten jedoch eine große Zahl wichtiger feindlicher Schutzrechte. Später hat dann auch der deutsche Staat, allerdings in sehr geringem Umfang, feindliche Schutzrechte teilweise enteignet.

Durch den Friedensvertrag von Versailles wurde dann die internationale Union als wieder in Kraft tretend erklärt. Danach wurde sie also während des Krieges als außer Wirkung stehend angesehen.

[1]) Osterrieth hat sich in mehreren Aufsätzen auf den Standpunkt gestellt, daß die akzessorische Natur des Warenzeichens wegfallen solle, ebenso Kohler im angegebenen Sinne in GRuU. 1907 S. 221ff. Auch Hübner GRuU. 1907 S. 270.

Kritik. Man hat daher vorgeschlagen, besondere Bestimmungen für den Fall von Kriegen vorzusehen. Obwohl vielfach darauf hingewiesen wird, daß alle vertraglichen Bestimmungen für diesen Fall nichts nützten, so sind sie doch für wünschenswert anzusehen, da man die Hoffnung nicht aufgeben soll, daß auch in den zwischenstaatlichen Beziehungen einmal Gesetz und Recht vor Gewalt gehen wird.

Enteignungen während des Krieges. In dem Versailler Vertrag wurden nun die von der Entente vorgenommenen Enteignungen und Beschränkungen der deutschen Schutzrechte als fortbestehend erklärt. Hieraus ergeben sich eine Reihe Rechtsfragen, welche jedoch nur für eine beschränkte Anzahl Schutzrechte in Betracht kommen. Vgl. die untenstehende Literatur[1]).

Folgen des Krieges. Natürlich hat alles über den Krieg und den Friedensvertrag hier Gesagte keinen Bezug auf die neutral gebliebenen Staaten, in welchen die Gültigkeit des Vertrages keine Unterbrechung erfahren hat. Diese haben lediglich Bestimmungen wegen der durch den Krieg eingetretenen Behinderungen des Verkehrs usw. erlassen.

Aber auch für die nach Friedensschluß angemeldeten Patente, Gebrauchsmuster und Modelle sieht der Friedensvertrag folgende Bestimmungen für deutsche Reichsangehörige vor, die sich allerdings nur auf solche von Wichtigkeit für die Landesverteidigung und das Gemeinwohl beziehen.

„Den alliierten oder assoziierten Mächten bleibt die Befugnis vorbehalten, gewerbliche Eigentumsrechte (soweit es sich dabei nicht um Fabrik- oder Handelsmarken handelt) in der für notwendig erachteten Weise zu begrenzen, an Bedingungen zu knüpfen oder einzuschränken. Solche Beschränkungen dürfen im Interesse der Landesverteidigung oder um des Gemeinwohles willen auferlegt werden. Die gedachten Beschränkungen erfolgen in der Form, daß die betreffende alliierte oder assoziierte Macht die eingangs bezeichneten deutschen Rechte entweder selbst ausübt oder Lizenzen für ihre Ausübung erteilt oder die Ausübung weiterhin unter ihrer Überwachung hält oder in sonst einer anderen

---

[1]) R. Lutter, Patentgesetz, 8. Aufl.; H. Isay, Die Lage der deutschen Patente in den früher feindlichen Staaten, Berlin 1921; Osterrieth, Gewerblicher Rechtsschutz und Urheberrecht im Friedensvertrag von Versailles, Berlin 1920; Lutter, Die Regelung des gewerblichen Rechtsschutzes und des unlauteren Wettbewerbs im Friedensvertrag MuW. 1919/20 S. 2. Literatur zum Friedensvertrag, betr. den gew. Rechtsschutz von M. Seligsohn, GRuU. 1921, 27.

Form. Gelangen die vorstehenden Bestimmungen seitens der alliierten oder assoziierten Mächte zur Anwendung, so werden angemessene Entschädigungen oder Vergütungen gewährt, die in der gleichen Weise wie alle anderen den deutschen Reichsangehörigen geschuldeten Summen gemäß den Bestimmungen des Vertrages verwendet werden."

„Jede der alliierten oder assoziierten Mächte behält sich die Befugnis vor, jede künftige Abtretung oder Teilabtretung oder jede Einräumung gewerblicher Eigentumsrechte, die die Anwendung der Bestimmungen dieses Artikels vereiteln könnte, als null und nichtig anzusehen."

Das deutsche Patentgesetz enthält im § 5 Abs. 2 bereits eine ähnliche Bestimmung für deutsche Patente. Die Bedeutung dieser hängt lediglich von der Anwendung ab, welche die betreffenden Behörden in den einzelnen Fällen verfügen.

Auch nach Friedensschluß hat es sich gezeigt, daß der Unionsgedanke nicht mehr so streng ausgelegt wurde wie vor dem Weltkriege (H. Isay GRuU. 1922 S. 29). Das französische Dekret vom 31. Oktober 1922 (Bl. 1923 S. 7) läßt den Artikel 2 der Union außer acht, indem es die Patente oder Patentanmeldungen deutscher Reichsangehöriger anders behandelt wie die der Angehörigen des eigenen und der übrigen Verbandsländer.

c) Staatsangehörige.

Die Worte „Untertanen oder Bürger" wurden nur mit Rücksicht auf den verschiedenen Sprachgebrauch der Länder gewählt. Es sind darunter die Staatsangehörigen eines Landes zu verstehen. Die Staatsangehörigkeit bestimmt sich nach den Gesetzen jedes Landes. Sie wird durch ein Zeugnis der betreffenden Behörde nachgewiesen.

Die Behörden des Landes, in welchem sich jemand auf eine Staatsangehörigkeit beruft, können die Richtigkeit eines solchen Zeugnisses nachprüfen und müssen dabei die Gesetze des betreffenden Auslandstaates anwenden.

Für Deutschland kommt in Betracht das Gesetz über die Erwerbung und den Verlust der Bundes- und Staatsangehörigkeit vom 1. Juni 1870 (Bundes-Gesetzblatt S. 355) und BGB. Einf.-Ges. Art. 41 sowie die Art. 6 und 110 der Verfassung des deutschen Reiches vom 11. August 1919.

Wenn jemand in mehreren Ländern Staatsangehörigkeit besitzt, so kann er sich auf eine beliebige Staatsangehörigkeit berufen. Wenn mehrere Personen gemeinsam Rechte aus

Art. 2 geltend machen wollen, so müssen alle Unionsangehörige sein[1]).

Da die Rechtsbeziehungen der eigenen Staatsangehörigen durch einen internationalen Vertrag nicht berührt werden, kann sich ein Deutscher in Deutschland nicht auf die Union beziehen. Eine Ausnahme wird gemacht, wenn er sich für eine Anmeldung in Deutschland auf die Priorität einer ausländischen Anmeldung beruft (vgl. unter Art. 4 S. 36).

Nach Art. 3 sind den Staatsangehörigen der Verbandsländer diejenigen der Nichtverbandsländer gleichgestellt, welche im Gebiet eines der Verbandsländer ihren Wohnsitz oder tatsächliche und wirkliche gewerbliche oder Handelsniederlassung haben. Vgl. dort.

Die Staatsangehörigkeit muß in dem Augenblicke vorliegen, in dem ein auf die Angehörigkeit zu einem Verbandslande begründetes Recht beansprucht wird. Wegen der Staatsangehörigkeit zur Zeit einer Erstanmeldung und einer Nachanmeldung, auf Grund deren ein Prioritätsrecht beansprucht wird, vgl. unter Art. 4 Abschnitte „Entstehung des Prioritätsrechts" und „Identität der Person".

Ein Antrag auf Verleihung der Staatsangehörigkeit genügt nicht, vielmehr muß diese bereits vorliegen. Tritt der Verlust der Staatsangehörigkeit ein, so bleiben die bereits erworbenen Rechte, z. B. Patente, bestehen, und zwar mit der auf Grund der Union erworbenen Priorität. Die Milderung des Ausübungszwangs z. B. nach Art. 5 fällt dann weg.

Als Staatsangehörige sind auch aufzufassen die nach den Gesetzen ihres Landes anerkannten juristischen Personen, wie Aktiengesellschaften, Genossenschaften und anerkannte Vereine (Bl. 1914 S. 218).

d) Staatsgebiet.

Der Umfang des Gebietes eines Landes richtet sich nach dem Staatsrecht des betreffenden Staates. Einzelne Länder haben diejenigen Kolonien ausdrücklich bezeichnet, für welche das Unionsgesetz Gültigkeit hat. Z. B. gehören Indien und der Südafrikanische Bund der Union nicht an.

Die Bezirke der Konsulargerichtsbarkeit gehören nicht zum Staatsgebiet der Verbandsländer. Es wurde daher bereits

[1]) PA im Blatt 1904, 25f. Diese Entscheidung beruht zwar auf dem Übereinkommen zwischen dem Deutschen Reich und Italien betr. den gegenseitigen Patent-, Muster- und Markenschutz vom 18. Januar 1892. Bei der Internationalen Union werden jedoch allgemein entsprechende Auslegungen anerkannt.

auf dem Kongreß der Internationalen Vereinigung für gewerblichen Rechtsschutz zu Lüttich 1905 angeregt, daß jeder Staat, der das gewerbliche Eigentum seiner Angehörigen durch die Konsulargerichtsbarkeit schützt, den gleichen Schutz den Angehörigen der Union gewähren solle (GRuU. 05 S. 342).

Abgetrennte Gebiete.

Der Konventionsschutz erstreckt sich auf das jeweilige Staatsgebiet. Wenn sich das Staatsgebiet eines Verbandsstaates vergrößert oder verkleinert, verändert sich auch entsprechend der Wirkungsbereich der Union.

Für Elsaß-Lothringen kommt Art. 311 des Versailler Vertrages in Betracht, welcher lautet:

„Die Einwohner der auf Grund des gegenwärtigen Vertrags von Deutschland abgetrennten Gebiete behalten ungeachtet dieser Trennung und des sich daraus ergebenden Wechsels der Staatsangehörigkeit in Deutschland den vollen, uneingeschränkten Genuß aller gewerblichen, literarischen und künstlerischen Eigentumsrechte, deren Inhaber sie nach der deutschen Gesetzgebung zur Zeit dieser Trennung waren.

Die gewerblichen, literarischen und künstlerischen Eigentumsrechte, die in den nach Maßgabe des gegenwärtigen Vertrags von Deutschland abgetrennten Gebieten zur Zeit der Abtrennung dieser Gebiete von Deutschland in Kraft sind oder zufolge Artikel 306 des gegenwärtigen Vertrags wiederhergestellt werden oder in Kraft treten, werden von dem Staate, auf den das Gebiet übergeht, anerkannt und bleiben in diesem Gebiete so lange in Kraft, wie dies nach deutschem Rechte der Fall ist."

Bei der Abtrennung eines Teils von Oberschlesien an Polen wurden die bestehenden gewerblichen Schutzrechte als weiterhin in Geltung anerkannt. Siehe hierzu das S. 110 auszugsweise, soweit der gewerbliche Rechtsschutz in Frage kommt, abgedruckte deutsch-polnische Abkommen über Oberschlesien vom 15. Mai 1922.

Das Gesetz betr. Erfindungen und Warenzeichen der freien Stadt Danzig bestimmt in § 34: Die Rechte und Rechtsverhältnisse, welche aus einer bis zum Inkrafttreten dieses Gesetzes im Deutschen Reiche erfolgten Anmeldung sich ergeben, werden als in der freien Stadt nach Maßgabe der Deutschen Gesetzgebung geltend anerkannt (Bl. 1921 S. 162, Bl. 1922 S. 146, GRuU. 1922 S. 251, GRuU. 1923 S. 142 u. 1924 S. 33).

e) Gegenstand des Unionsvertrags.

Die Union bezieht sich auf:

Erfindungspatente,
Gebrauchsmuster,

gewerbliche Muster oder Modelle (Geschmacksmuster),
Fabrik- oder Handelsmarken,
Herkunftsbezeichnungen,
unlauterer Wettbewerb.

Es kommt nicht darauf an, daß das Gesetz in einem Lande eine der bezeichneten Namen hat, sondern lediglich darauf, daß es dem Wesen nach dasselbe ist. In Frankreich z. B. besteht kein Spezialgesetz zur Bekämpfung des unlauteren Wettbewerbs, sondern dieser wird auf Grund der allgemeinen Gesetze verfolgt. In vielen Staaten werden als designes (Muster und Modelle) neben solchen, deren Formgebung nur in bezug auf das Aussehen, den Geschmack von Bedeutung ist, auch solche Modelle geschützt, deren Form den Gebrauchszweck erhöht. In Deutschland dagegen schützt das Urheberrechtsgesetz an Muster und Modellen vom 11. Januar 1876 nur die sog. Geschmacksmuster, während für Gebrauchsmuster ein anderes Gesetz vom 1. Juni 1891 vorhanden ist.

f) Förmlichkeiten und Bedingungen.

Die Angehörigen der Verbandsländer genießen denselben Schutz wie die eigenen Angehörigen eines Staates. Es ist selbstverständlich, daß sie auch dieselben Förmlichkeiten und Bedingungen erfüllen müssen, welche durch Gesetz oder Verordnungen der Behörden für die Einheimischen vorgeschrieben sind.

Nach dem Patent-, Gebrauchsmuster- und Warenbezeichnungsgesetz kann derjenige, welcher im Inlande nicht wohnt bzw. keinen Wohnsitz oder Niederlassung hat, nur Anspruch auf Erteilung eines Schutzes erheben und Rechte aus dem Schutz geltend machen, wenn er im Inlande einen Vertreter bestellt hat. Infolgedessen muß auch der fremde Unionsangehörige einen Vertreter im Inlande bestellen. Auch in den meisten Auslandsstaaten besteht ein entsprechender Vertreterzwang. Der Grund dieser Bestimmungen ist der, daß sich bei den Zustellungen an Adressen im Ausland häufig Schwierigkeiten für die Ämter ergeben. Durch die Vertretung im Inlande wird den beteiligten Kreisen und dem Patentamt der Verkehr erleichtert.

Zu der Gesetzgebung der vertragschließenden Länder, welche durch den Art. 2 nicht berührt werden, gehört die Verpflichtung, Prozeßkautionen zu stellen. Durch die Haager Konvention vom 17. Juli 1905 ist diese Verpflichtung für die an dieser Konvention beteiligten Staaten aufgehoben (durch den Friedensvertrag von Versailles sind einige Staaten aus dieser Konvention wieder ausgetreten).

Nach einer Bekanntmachung des Reichsministers der Justiz vom 2. Oktober 1920 (RGBl. 1920 Nr. 200 S. 1703) gilt gegenüber der Freien Stadt Danzig die wechselseitige Befreiung der Angehörigen des Deutschen Reichs und der Freien Stadt Danzig von der ihnen als Ausländern in bürgerlichen Rechtsstreitigkeiten obliegenden Verpflichtung zur Sicherheitsleistung für die Prozeßkosten und zur Zahlung eines Vorschusses für die Gerichtskosten.

Einen Vertrag entsprechenden Inhalts hat Deutschland auch mit der Tschecho-Slowakischen Republik abgeschlossen (RGBl. II Nr. 7 S. 57ff. 1923).

Es ist anzustreben, daß der Vorschlag des 2. Kongresses der Chambre de commerce international vom 18. bis 24. März 1923 in Rom, die Stellung einer Kaution (Cautio judicatum solvi) von den Verbandsangehörigen nicht zu fordern, verwirklicht wird.

g) Kein Erfordernis von Wohnsitz oder Niederlassung.

Durch den Schlußsatz des Art. 2 ist festgestellt, daß folgende deutsche Gesetzesbestimmungen auf Unionsangehörige nicht anwendbar sind:

§ 13 Abs. 1 des Gebrauchsmustergesetzes vom 1. Juni 1891, wonach nur derjenige Anspruch auf den Schutz des Gesetzes hat, welcher im Inlande einen Wohnsitz oder eine Niederlassung besitzt. § 23 Abs. 1 des Warenbezeichnungsgesetzes vom 12. Mai 1894, in welchem eine Niederlassung im Inlande bedingt wird, und § 28 des Gesetzes gegen den unlauteren Wettbewerb vom 7. Juni 1909, in welchem eine Hauptniederlassung Voraussetzung für die Inanspruchnahme des Schutzes nach dem Gesetz ist.

Um die Inländer nicht schlechter zu stellen, wurden in dem Ausführungsgesetz zur revidierten Pariser Übereinkunft vom 2. Juni 1911 zum Schutze des gewerblichen Eigentums vom 31. März 1913 verordnet, daß die eben genannten Gesetzabschnitte auf Reichsangehörige keine Anwendung finden.

Artikel 3.

Den Untertanen oder Bürgern der vertragschließenden Länder werden gleichgestellt die Untertanen oder Bürger der dem Verbande nicht beigetretenen Länder, welche im Gebiet eines der Verbandsländer ihren Wohnsitz oder tatsächliche und wirkliche gewerbliche oder Handelsniederlassungen haben.

a) Staatsangehörige.

Über den Begriff „Untertanen oder Bürger" gilt das zu Art. 2 Gesagte; auch juristische Personen und gesellschaftliche Vereinigungen sind darunter zu verstehen.

b) Wohnsitz.

Was unter Wohnsitz zu verstehen ist, richtet sich nach den Gesetzen des betreffenden Landes.

Für Deutschland kommt das BGB., insbesondere dessen § 7 in Betracht, welcher lautet:

„Wer sich an einem Orte ständig niederläßt, begründet an diesem Orte seinen Wohnsitz.

Der Wohnsitz kann gleichzeitig an mehreren Orten bestehen.

Der Wohnsitz wird aufgehoben, wenn die Niederlassung mit dem Willen aufgehoben wird, sie aufzugeben."

Ferner sind noch zu beachten: § 8 bis 11 BGB. und Art. 157 des Einführungsgesetzes zum BGB. für erwählte Wohnsitze, welche vor dem Inkrafttreten des BGB. (1900) begründet sind.

Es genügt entweder der Wohnsitz oder eine tatsächliche und wirkliche gewerbliche oder Handelsniederlassung.

c) Niederlassung.

Die Begriffe „gewerbliche" und „Handelsniederlassung" lassen sich nicht scharf voneinander trennen. Gemeint sind allgemein geschäftliche Betriebe.

Tatsächlich und wirklich. Die Worte „tatsächlich und wirklich" sollen den Fall ausschließen, daß jemand auf Grund einer Niederlassung, welche nicht ernst gemeint ist, die Rechte aus der Union beanspruchen kann. Besonders wird der Fall in Betracht kommen, daß die Niederlassung nur zu diesem Zweck und nicht dafür eingerichtet ist, ein gewinnbringendes Gewerbe zu betreiben.

Als Merkmal einer ernstgemeinten Handelsniederlassung kann gelten, daß während der Geschäftszeit stets jemand zur Entgegennahme von Aufträgen und Anfragen anwesend ist, daß die üblichen Vorkehrungen zur Erlangung von Aufträgen getroffen werden und daß der Nachfrage, jedenfalls nach angemessener Zeit, genügt wird.

Auch gehört hierzu die Absicht des Inhabers der Niederlassung, den Betrieb dauernd aufrechtzuerhalten.

Eine Reparaturwerkstatt wird nach denselben Gesichtspunkten zu beurteilen sein.

Unter gewerblicher Niederlassung sind auch die Betriebe der Land- und Forstwirtschaft, des Bergbaus usw. zu verstehen, sowie Fabrikbetriebe. Bei diesen wird zu verlangen sein, daß die Möglichkeit eines gewinnbringenden Arbeitens besteht und ebenfalls die Absicht eines dauernden Betriebes vorhanden ist.

Haupt- und Zweigniederlassung. Die Niederlassung braucht keine Hauptniederlassung zu sein. Die Niederlassung sowie der Wohnsitz muß zur Zeit der Geltendmachung der Rechte bereits bestehen und nicht erst beabsichtigt sein.

Der das Recht nach Art. 3 Beanspruchende muß der Herr der Niederlassung sein (Osterrieth, S. 57, 58). Er muß jedoch nicht der ausschließliche Eigentümer der Niederlassung sein. Wenn die Geschäftsräume auch auf den Namen des Leiters der Niederlassung gemietet sind, der Leiter aber Angestellter des Geschäftsherrn ist, so ist diese auch als Niederlassung des Geschäftsherrn anzusehen.

Eine Niederlassung liegt nicht vor, wenn die Geschäfte im Herumreisen abgeschlossen werden. Als eine Niederlassung ist auch nicht der Geschäftsbetrieb einer selbständigen Firma anzusehen, welche den Verkauf der Waren des Ausländers übernimmt, ebensowenig ein Kommissionslager.

Artikel 4.

a) Derjenige, welcher in einem der vertragschließenden Länder ein Gesuch um ein Erfindungspatent, ein Gebrauchsmuster, ein gewerbliches Muster oder Modell, eine Fabrik- oder Handelsmarke vorschriftsmäßig hinterlegt, oder sein Rechtsnachfolger soll zum Zwecke der Hinterlegung in den anderen Ländern während der unten bestimmten Fristen und vorbehaltlich der Rechte Dritter ein Prioritätsrecht genießen.

b) Demgemäß soll die hiernächst in einem der übrigen Verbandsländer vor Ablauf dieser Fristen bewirkte Hinterlegung durch inzwischen eingetretene Tatsachen, wie namentlich durch eine andere Hinterlegung, durch die Veröffentlichung der Erfindung oder deren Ausübung, durch das Feilbieten von Exemplaren des Musters oder Modells, durch die Anwendung der Marke nicht unwirksam gemacht werden können.

c) Die oben erwähnten Prioritätsfristen sollen zwölf Monate für Erfindungspatente und Gebrauchsmuster und vier Monate für gewerbliche Muster oder Modelle und für Fabrik- oder Handelsmarken betragen.

d) Wer die Priorität einer vorhergehenden Hinterlegung in Anspruch nehmen will, hat eine Erklärung über die Zeit und das Land dieser Hinterlegung abzugeben. Jedes Land bestimmt, bis wann die Erklärung spätestens abgegeben werden muß. Die Angaben sind in die von der zuständigen Behörde ausgehenden Veröffentlichungen, insbesondere in die Patenturkunden und die zugehörigen Beschreibungen, aufzunehmen. Die vertragschließenden Länder können von demjenigen, welcher eine Prioritätserklärung abgibt, fordern, daß er die frühere Anmeldung (Beschreibung, Zeichnungen usw.) in einer Abschrift vorlegt, die von der Behörde, welche die Anmeldung empfangen hat, als übereinstimmend bescheinigt ist. Diese Abschrift soll von jeder Legalisation befreit sein. Es kann gefordert werden, daß ihr eine von dieser Behörde ausgestellte Bescheinigung über die Zeit der Hinterlegung und eine Übersetzung beigefügt wird. Andere Förmlichkeiten für die Prioritätserklärung dürfen bei der Hinterlegung des Gesuchs nicht gefordert werden. Jedes vertragschließende Land wird die Folgen der Außerachtlassung der durch den gegenwärtigen Artikel vorgesehenen Förmlichkeiten bestimmen, jedoch dürfen diese Folgen über den Verlust des Prioritätsrechts nicht hinausgehen.

e) *Später dürfen andere Nachweisungen gefordert werden.*

Artikel 4b.

Die Patente, deren Erteilung in den verschiedenen vertragschließenden Ländern von den zur Wohltat der Übereinkunft nach Maßgabe der Artikel 2 und 3 verstatteten Personen beantragt wird, sollen von den für dieselbe Erfindung in anderen zum Verbande gehörenden oder nicht gehörenden Ländern erteilten Patenten unabhängig sein.

Diese Bestimmung ist ohne jede Einschränkung zu verstehen, insbesondere in dem Sinne, daß die während der Prioritätsfrist angemeldeten Patente sowohl hinsichtlich der Gründe der Nichtigkeit und des Verfalls als auch hinsichtlich der gesetzmäßigen Dauer unabhängig sind.

Sie findet auf alle zur Zeit ihres Inkrafttretens bestehenden Patente Anwendung.

Für den Fall des Beitritts neuer Länder soll es mit den im Zeitpunkt des Beitritts auf beiden Seiten bestehenden Patenten ebenso gehalten werden.

Schlußprotokoll zu Artikel 4.

Es besteht Einverständnis, daß, wenn in einem Lande ein gewerbliches Muster oder Modell unter Inanspruchnahme eines auf die Anmeldung eines Gebrauchsmusters gegründeten Prioritätsrechts hinterlegt wird, die Prioritätsfrist nur diejenige sein wird, die der Artikel 4 für gewerbliche Muster und Modelle bestimmt hat.

Inhalt.

a) Vorbemerkungen.

Durch die vorschriftsmäßige Einreichung einer Patent-, Muster- oder Warenzeichenanmeldung in einem Verbandsstaate erwirbt ein Verbandsangehöriger das Recht, eine entsprechende Anmeldung zur Eintragung in den übrigen Staaten innerhalb einer Frist von 12 Monaten bei Erfindungspatenten und Gebrauchsmustern und von 4 Monaten bei gewerblichen Mustern oder Modellen und Fabrik- oder Handelsmarken unter Beanspruchung der sog. Unionspriorität zu hinterlegen. Innerhalb dieser Frist geht seine mit dem Prioritätsanspruch hinterlegte Anmeldung allen anderen Anmeldungen in den betreffenden zweiten Staaten vor, welche nach der Einreichung im Ursprungslande angemeldet worden sind. Ebenso sind sonstige Veröffentlichungen, Ausübungen der Erfindung, Gebrauch von Marken usw. in diesem Zeitraum der Erlangung eines Rechtsschutzes nicht hinderlich.

Dieses Prioritätsrecht entsteht durch die Anmeldung ohne weiteres, es braucht also bei der ursprünglichen Anmeldung nicht besonders beantragt zu werden.

Auch nach Ablauf der Prioritätsfrist kann noch ein gewerblicher Rechtsschutz im Auslande erworben werden, jedoch nur dann, wenn noch keine Veröffentlichung, offenkundige Benutzung, gegebenenfalls Bekanntmachung infolge Aufgebots usw. in dem betreffenden Lande stattgefunden hat. Es wird daher vielfach das Erscheinen einer Patentschrift durch Aussetzung der Bekanntmachung der Anmeldung möglichst hinausgeschoben, um auch nach Ablauf der für manche Fälle ungenügenden Prioritätsfrist von 12 Monaten noch Auslandspatente erlangen zu können.

Auch nachdem die Patentschrift veröffentlicht worden ist, können in manchen Staaten noch sog. Einführungspatente genommen werden, z. B. in Belgien, Spanien und Italien.

Dieser Artikel 4 bietet einen der wichtigsten Vorteile, welche die Union ihren Angehörigen gewährt.

Der Zweck der Bestimmungen ist der, den Erfindern zu ersparen, ihre Erfindung bei der Anmeldung in einem Lande gleichzeitig in allen übrigen Ländern zum Patent anzumelden, wenn sie sich auch in diesen einen Schutz sichern wollen. Die Ausgaben zur Anmeldung in den sehr zahlreichen Ländern, welche Patent-, Musterschutz- usw. Gesetze haben, sind verhältnismäßig hohe. Auch würden gleichzeitig alle Patentämter mit der Prüfung bzw. Eintragung und Veröffentlichung solcher Patente usw. belästigt werden, welche nachher wegen Mangel an Neuheit oder Verwendbarkeit wieder fallengelassen werden. Durch die gegebenen Fristen von 12 bzw. 4 Monaten ist dem Erfinder Gelegenheit gegeben, zunächst den Erfolg der Neuheitsprüfung in einem Lande abzuwarten und ebenso sich über die praktischen Aussichten der Erfindung zu unterrichten und dann noch die Anmeldung in den Ländern vorzunehmen, für welche er seine Erfindung für aussichtsreich hält.

Jedoch ist bei der Ausnutzung der Prioritätsfrist auf der anderen Seite noch eine Gefahr geblieben, welche unter Umständen die Vorteile aus diesem Artikel 4 mehr oder minder hinfällig machen kann. In vielen Staaten besteht nämlich ein sog. Vorbenutzungsrecht, nach welchem derjenige, welcher eine Erfindung bereits in Benutzung genommen oder die erforderlichen Anstalten dazu getroffen hat, berechtigt ist, diese in seinem Betrieb weiter zu benutzen, unbeschadet eines nachträglich entstandenen Patentrechtes. Es kann also trotz Erlangung eines Patentes ein anderer noch berechtigt sein, dieselbe Erfindung in seinem Betrieb weiter zu benutzen und die betreffenden Gegenstände auch in den Handel zu bringen, wodurch natürlich das Patent fast seinen ganzen Wert verlieren kann. Auf diese Umstände sowie auf die Mittel, wie einer Vorbenutzung von anderer Seite möglichst vorgebeugt werden kann, wird weiter unten (h. Vorbenutzungsrecht) noch eingegangen werden.

b) Rechtlicher Charakter des Art. 4.

Die Anmeldung in einem Verbandslande wirkt im zweiten Verbandslande, wenn die Anmeldung unter Beanspruchung der Priorität wiederholt wird, in bezug auf Neuheit und Priorität so, wie wenn sie zur Zeit der ersten Anmeldung vorgenommen wäre. In bezug auf Vorbenutzung wirkt sie nach der heutigen Rechtsprechung der deutschen und vieler ausländischer Gerichte nicht. Weiter hat sie keine Wirkung, insbesondere gibt sie an sich kein Schutzrecht. Auch der Anfang der Schutzdauer, die Frage der Schutzfähigkeit an sich usw. richten sich nach den einzelnen Landesgesetzen. (Vgl. Kohler, Handbuch des Deutschen Patentrechts 1900, S. 291, und Osterrieth, S. 67.)

c) Entstehung des Prioritätsrechts.

Berechtigt zur Beanspruchung des Prioritätsrechts sind nur die Angehörigen der Union (Bl. 1914 S. 222). Darüber, wer als Angehöriger der Union gilt, vgl. Art. 1 bis 3.

Einige Länder gewähren auch Nicht-Unionsangehörigen die Vorteile der Union, und zwar England, die Vereinigten Staaten von Amerika, Australien (Michaelis in GRuU. 1908 S. 322) und, allerdings zweifelhaft, Dänemark (Schmehlik GRuU. 1909 S. 104).

Es kann nun der Fall vorkommen, daß ein Nichtverbandsangehöriger erst nach der Erstanmeldung während der Prioritätsfrist Verbandsangehöriger geworden ist. Dies kann entweder dadurch geschehen, daß er z. B. das Bürgerrecht in einem Verbandslande erworben hat, oder daß der Staat, welchem er angehört, in dieser Zeit der Union beigetreten ist. Oder es kann der Fall vorliegen, daß der Staat der zweiten Anmeldung sich erst nach der ersten Anmeldung der Union angeschlossen hat. In allen diesen Fällen ist er zur Geltendmachung des Prioritätsrechts befugt. Allerdings tritt die Wirkung des Prioritätsrechts nur für diejenige Zeit ein, während der er Verbandsangehöriger ist, während vorher eingetretene Tatsachen der Erlangung eines Schutzrechtes entgegenstehen können.

Kritik. Das Patentamt hat sich in seinen früheren Entscheidungen auf den Standpunkt gestellt, daß die erste und die zweite Anmeldung, für welche die Priorität beansprucht wird, in einem Unionslande geschehen sein müsse, d. h. daß ein Prioritätsrecht nicht entstehen könne, wenn zur Zeit der ersten Anmeldung Deutschland der Union noch nicht angehört hatte. Der 1. Zivilsenat des Reichsgerichts hat in seiner Entscheidung vom 9. November 1911 (Bl. 1913 S. 275) die Rechtslage eingehend geprüft und ist zum Schlusse gekommen, daß in einem solchen Falle das Prioritätsrecht von der Zeit des Beitritts Deutschlands zur Union an wirksam sei. (Vgl. auch Bl. 1913 S. 238 und Seligsohn S. 518.) Danach muß auch angenommen werden, daß dasselbe für eine Erstanmeldung in einem Lande gilt, welches erst nach dem Datum dieser Anmeldung der Union beigetreten ist. Dieser Fall ist für diejenigen Länder wichtig, welche erst in letzter Zeit der Union beigetreten sind. Dieselben Grundsätze sind anzuwenden, wenn ein Anmelder erst nach dem Datum seiner Erstanmeldung Unionsangehöriger geworden ist oder seinen Wohnsitz oder Niederlassung in einem Unionsstaate begründet hat.

Vorschriftsmäßigkeit der Hinterlegung. Voraussetzung für die Entstehung eines Prioritätsrechts ist die vorschriftsmäßige Hinterlegung einer Anmeldung in einem Unionsstaate. Die Vorschriftsmäßigkeit richtet sich nach den Gesetzen des betreffenden Landes. Falls eine Nachprüfung durch die Gerichte oder das Patentamt daraufhin stattfinden muß, ob die Hinterlegung vorschriftsmäßig erfolgt ist, so müssen die deutschen Behörden nach den Gesetzen des betreffenden Landes urteilen. Sie sind hierbei an die Auslegung der Gesetze durch die Behörden des fremden Landes nicht gebunden. Die provisional specification in England wird als vorschriftsmäßige Hinterlegung im Sinne des Unionsgesetzes angesehen (Bl. 1907 S. 172), für in der complete specification neu geoffenbarte Merkmale nur die complete specification (Bl. 1913 S. 37). Dagegen gelten nicht als vorschriftsmäßig die Caveatanmeldung in Kanada und Brasilien. In Amerika gilt bei einer Reissue der Tag der Anmeldung des Ursprungspatents (Bl. 1906 S. 32).

Das Prioritätsrecht entsteht durch die Hinterlegung der Anmeldungen an sich und braucht daher bei der Ursprungsanmeldung nicht beansprucht werden. Es wird von dem späteren Schicksal dieser Anmeldung in keiner Weise beeinflußt, d. h. es ist gleichgültig, ob ein Schutzrecht infolge dieser Anmeldung erteilt wird. Ebenso ist die Schutzdauer des aus der neuen Anmeldung entstandenen Rechts unabhängig von der Erstanmeldung. Auf sog. Einführungspatente, welche in Italien, Spanien und einigen anderen Ländern gewährt werden und welche noch nach Ablauf der Prioritätsfrist entnommen werden können, bezieht sich diese Bestimmung nicht. Von ausländischen Gesetzen, welche von besonderem Interesse sind, sei hier erwähnt, daß England die Schutzdauer eines Patentes von dem Tage der ersten Anmeldung in einem Unionsstaate an rechnet. Diese Übung ist mit dem Unionsvertrag nicht vereinbar und auf den verschiedenen Kongressen zur Revision der Verbandsübereinkunft schon öfters beanstandet worden.

Die erste Anmeldung kann in jedem beliebigen Lande erfolgen. Es ist also nicht notwendig, daß in demjenigen Lande zuerst angemeldet wird, welchem der Unionsangehörige angehört oder in welchem er seinen Wohnsitz hat. Ein Deutscher kann auch zuerst im Auslande anmelden und sich dann auf die Priorität dieser Anmeldung in Deutschland beziehen. Von einer früheren deutschen Anmeldung kann für eine neue Anmeldung in Deutschland kein Prioritätsrecht geltend gemacht werden, da das Prioritätsrecht nur zum Zwecke der Hinterlegung in den anderen Staaten entsteht (Bl. 1914 S. 10).

Kritik. Dies ist die herrschende Ansicht des Patentamts, der Gerichte und der Literatur. Osterrieth-Axter (Osterrieth

S. 69) wollen das Prioritätsrecht für einen Deutschen nicht anerkennen, welcher seine Anmeldung zuerst im Auslande eingereicht hat, da der Unionsvertrag nur die Beziehungen zwischen dem Deutschen Reiche und den Auslandsstaaten regelt. Diese Ansicht muß als richtig anerkannt werden, würde jedoch zu einem unbefriedigenden Ergebnis führen, da hierdurch die Deutschen schlechter gestellt würden als die Ausländer. Es wäre daher richtiger gewesen, durch ein deutsches Gesetz zu bestimmen, daß den Inländern in dieser Beziehung dasselbe Recht zustände wie den übrigen Angehörigen der Unionstaaten.

Prioritätsrecht bei mehreren Voranmeldungen. Das Prioritätsrecht kann nur aus der ersten Anmeldung in einem Auslandsstaate beansprucht werden, also nicht aus einer späteren Anmeldung in einem anderen Unionsstaate (Bl. 1908 S. 180 und 1910 S. 134).

Da die Stellungnahme der Gerichte in dieser Frage für Deutschland noch nicht sicher vorauszusehen ist, empfiehlt es sich, die Prioritätsfrist aus der ersten Auslandsanmeldung zu beanspruchen, wenn diese Frist jedoch verstrichen ist, auch ein späteres Prioritätsrecht geltend zu machen.

Kritik. Es liegt nun eine Entscheidung der Beschwerdeabteilung II des Patentamts vom 27. Juni 1913 (Industrierecht 1913 S. 183) vor, in welcher sich diese mit eingehender Begründung auf den gegenteiligen, der früheren Rechtsprechung des Patentamts also entgegengesetzten Standpunkt stellt. Lemke hat in einem Vortrag im Verband Deutscher Patentanwälte (GRuU. 1907 S. 262) die Gründe dargelegt, nach denen niemand ein Schaden entstehe, wenn man dem Anmelder das Recht zuspreche, eine Priorität von einer beliebigen Auslandsanmeldung abzuleiten. Er berücksichtigt dabei jedoch nicht das Vorbenutzungsrecht, mit welcher diese Frage zusammenhängt. Wenn die Auslegung nach der Entscheidung der Beschwerdeabteilung II vom 27. Juni 1913 auch mit dem Wortlaut der Union in Einklang gebracht werden kann, so entspricht sie doch sicherlich nicht dem Sinne des Unionsvertrags. Die meisten in letzter Zeit erschienenen Patentgesetze bestimmen ausdrücklich, daß ein Prioritätsrecht nur aus der ersten Auslandsanmeldung geltend gemacht werden kann.

Auch das Österreicher Patentamt hat unter Anführung der auf entgegengesetztem Standpunkt stehenden Schriftsteller in seiner Entscheidung der Beschwerdeabteilung B vom 4. Juli 1914 (Bl. 1916 S. 41) dahin geurteilt, daß das Prioritätsrecht nur durch die erste Anmeldung der Erfindung in einem Unionsstaate begründet werde.

Die Tagung Berlin wünscht dagegen, daß ein Prioritätsanspruch auf jede Voranmeldung gestützt werden könne.

Die Beschränkung der Entstehung eines Prioritätsrechts auf die erste Anmeldung, verbunden mit einer Voranzeige für dessen Geltendmachung, wie im Abschnitt über Vorbenutzungsrecht angedeutet, würde demjenigen, welcher mit einer neuen Einrichtung arbeiten will, die Gefahr ersparen, daß ihm ein anderer nachträglich die Fabrikation untersagen kann, und andererseits dem Anmelder sein Prioritätsrecht gegen das Vorbenutzungsrecht Fremder sichern.

d) Geltendmachung des Prioritätsrechts.

Wer ein Prioritätsrecht aus einer früheren Anmeldung geltend machen will, muß dem Amt eine ausdrückliche Erklärung abgeben. Das Amt berücksichtigt ein Prioritätsrecht nicht von sich aus.

Zur Ausführung der Vorschriften der Absätze d und e des Artikels 4 haben die Verbandsländer verschiedene Bestimmungen erlassen. Eine Einheitlichkeit dieser Bestimmungen wäre wünschenswert (vgl. Strězow, Prop. Ind. 1923 S. 119).

Der Anmelder muß in jedem Verbandslande die Zeit und das Land der früheren Anmeldung (nicht etwa einer Patenterteilung) angeben, von welcher er sein Prioritätsrecht ableitet. Die Gesetze der einzelnen Länder bestimmen, bis zu welchem Zeitpunkt diese Erklärung spätestens abgegeben sein muß. Der späteste Termin ist jedenfalls die Bekanntmachung der Anmeldung, da diese Angaben von Amts wegen in die Bekanntmachung aufzunehmen sind. Je nach den Gesetzen eines Landes muß hierbei eine Kopie der Unterlagen (Beschreibung, Zeichnung usw.) eingereicht werden, welche von der Behörde, bei welcher die Anmeldung hinterlegt worden ist, auf ihre Übereinstimmung mit den Anmeldungsunterlagen bescheinigt ist, und gegebenenfalls auch eine Bescheinigung über die Zeit der Hinterlegung enthält. Eine Beglaubigung dieser behördlichen Unterschrift (etwa durch den Konsul) ist nicht erforderlich. Auch wird in manchen Ländern die Beifügung einer beglaubigten Übersetzung verlangt. Ferner richten sich nach den Gesetzen der einzelnen Länder die Folgen, welche die Außerachtlassung dieser Förmlichkeiten nach sich zieht. Es kann dadurch der Verlust des Prioritätsrechtes, jedoch nicht der Verlust auf ein Schutzrecht überhaupt, entstehen.

Vor dem in jedem Lande bestimmten Zeitpunkt sind weitere Belege nicht erforderlich, abgesehen natürlich von einer Vertretervollmacht, wo es einer solchen bedarf.

In Deutschland erfolgte folgende Bekanntmachung des Reichskanzlers betreffend die Geltendmachung des in Artikel 4 der revidierten Pariser Übereinkunft vom 2. Juni 1911 zum Schutze des gewerblichen Eigentums vorgesehenen Prioritätsrechts. Vom 8. April 1913 (RG.Bl. Nr. 24 S. 241).

„Auf Grund des Artikels II des Gesetzes zur Ausführung der revidierten Pariser Übereinkunft vom 2. Juni 1911 zum Schutze des gewerblichen Eigentums vom 31. März 1913 (RGBl. S. 236) wird bestimmt:

Die in Artikel 4 Abs. d der genannten Übereinkunft vorgesehene Prioritätserklärung über Zeit und Land der Voranmeldung ist bei der Anmeldung des Patents, des Gebrauchsmusters, des Musters oder Modells, des Warenzeichens abzugeben. Die gleichzeitige Beibringung der Beweisurkunden ist bis auf weiteres nicht erforderlich."

Die Beanspruchung der Priorität sowie die Angabe des genauen Datums und des Landes der Anmeldung, von welcher die Priorität abgeleitet wird, muß also in Deutschland zugleich mit der Einreichung der Anmeldung stattfinden, andernfalls geht das Prioritätsrecht verloren. Die Angaben über Land und Zeit müssen gleichzeitig vorliegen (Bl. 1914 S. 219). Eine Wiedereinsetzung in den vorigen Stand nach der Bundesratsverordnung, betreffend vorübergehende Erleichterungen auf dem Gebiete des Patent-, Gebrauchsmuster- und Warenzeichenrechts vom 10. September 1914 (RGBl. Nr. 74 S. 403; Bl. 1914 S. 290) und Gesetz betr. eine verlängerte Schutzdauer bei Patenten und Gebrauchsmustern sowie die Wiedereinsetzung in den vorigen Stand im Verfahren vor dem Reichs-Patentamt vom 27. April 1920 (RGBl. Nr. 89 S. 675; Bl. 20 S. 74) kann in diesem Falle nicht stattfinden (vgl. Dunkhase, MuW. 1921/22 S. 137). Bei willkürlichen Angaben über das Datum der beanspruchten Unionspriorität kann das später berichtigte zutreffende Datum nicht bekanntgemacht werden (Bl. 1915 S. 29). Die Angabe einer Patentschrift nach Nummer und Jahrgang genügt den oben abgedruckten Vorschriften über die Unionsprioritätserklärung nicht (Bl. 1917 S. 121). Dagegen kann ein irrtümlich falsch angegebenes Datum oder Patentnummer noch nachträglich, wenigstens vor der Bekanntmachung der Anmeldung, richtiggestellt werden (Mitteilungen vom Verband 1924 S. 15). Solange in den der Union angehörenden Heimatsstaaten das Eintragungsverfahren noch schwebt, kann eine innerhalb der Unionsfrist eingereichte Warenzeichenanmeldung wegen Mangels des Heimatsschutzes nicht abgewiesen werden (Bl. 1907 S. 10).

Wenn die Prioritätsfrist noch nicht abgelaufen ist, kann man sich durch eine Neuanmeldung helfen.

Das Patentamt vermerkt in der Bekanntmachung, daß die Priorität beansprucht ist. In den Urkunden und gedruckten

Patentschriften muß das Amt das Land und das Datum aufnehmen, auf welches sich der Prioritätsanspruch bezieht, und zwar, wenn zur Nachprüfung der Richtigkeit dieser Angaben keine Veranlassung vorlag, auch dann, wenn diese Angaben nicht richtig zu sein scheinen (Hüfner, MuW. 1917/18 S. 204).

Im Laufe des Prüfungsverfahrens und im Nichtigkeitsverfahren kann das Patentamt weitere Prioritätsbelege verlangen. Diese werden erst angefordert, wenn patenthindernde Tatsachen aus der Zeit zwischen der Voranmeldung und der vorliegenden Anmeldung bekannt werden (Entscheidung der Beschwerdeabteilung I des Patentamts vom 19. Februar 1918 MuW. 1918/19 S. 20). Eine beglaubigte Übersetzung wird, von Ausnahmefällen abgesehen, nicht verlangt, wenn die Voranmeldung in englischer oder französischer Sprache abgefaßt ist. Wenn solche patenthindernde Tatsachen vorliegen, entscheidet das Patentamt, ob der Prioritätsanspruch anzuerkennen ist, und bemerkt bejahendenfalls auf der Patentschrift, daß die Priorität anerkannt ist. Auch die ordentlichen Gerichte müssen im Nichtigkeitsverfahren oder bei Verletzungsprozessen gegebenenfalls die Priorität prüfen und sind hierbei an die Entscheidungen des Patentamts nicht gebunden. Die Beurteilung des Prioritätsdatums und der regelrechten Hinterlegung findet nach den Gesetzen des betreffenden Auslandsstaates statt.

Über die Form des Beglaubigungsvermerks auf Ausfertigungen der Prioritätsbescheinigungen für das Ausland hat der Reichsminister der Justiz am 22. Juli 1920 und der Präsident des Patentamts am 14. Oktober 1920 Bekanntmachungen erlassen (Bl. 1920 S. 102 und 118). Zweckmäßigerweise wird bei Einverlangen solcher Belege beim Patentamt angegeben werden, welchem Zwecke die Urkunde dienen soll, also beispielsweise zur Beanspruchung der Priorität im Auslande oder zum Nachweise des Heimatsschutzes bei Warenzeichen.

Es ist darauf zu achten, daß bei Anmeldungen mit Prioritätsbeanspruchung die Unterlagen rechtzeitig in der Landessprache eingereicht werden, da sie sonst als ungültig gelten können (Mitteilungen vom Verband 1924 S. 18).

Kritik. Zweckmäßigerweise würde eine Frist von 1 Monat zur Beanspruchung der Priorität und von 6 Monaten zur Einreichung der Belege festgesetzt werden (Tagung Berlin).

e) Identität der Person.

Der Anmelder im zweiten Staate muß mit dem Anmelder im ersten Staate identisch sein. Der Rechtsnachfolger des ersten Anmelders gilt als identisch mit ihm.

Bezüglich der Rechtsnachfolge für die Prioritäten in den verschiedenen Staaten tauchen mehrere Fragen auf, welche nach folgenden Grundsätzen zu beantworten sind.

Durch die Erstanmeldung in einem Unionsstaate entstehen außer den Rechten auf Erlangung eines Patentes im Erstanmeldungsstaate gleichzeitig Prioritätsrechte für die in den einzelnen Unionsstaaten zu erlangenden Patente. Soviel Unionsstaaten, soviel selbständige Rechte. Diese Rechte sind voneinander und von dem Schicksal der auf die Erlangung eines Patents im Erstanmeldestaat gerichteten Anmeldung vollständig unabhängig (Beschwerdeabteilung II im Bl. 1906 S. 127). Über diese Rechte kann der unionsangehörige Erstanmelder einzeln frei verfügen. Sie können auch durch Erbfolge in andere Hände übergehen, bei juristischen Personen auf den Nachfolger des Geschäftsbetriebs. Der Rechtsnachfolger braucht nicht Unionsangehöriger zu sein, um das ihm übertragene Prioritätsrecht geltend machen zu können (Seligsohn S. 519, Isay S. 167, vgl. auch Osterrieth in GRuU. 1912 S. 8, Schweizer Bundesgesetz vom 3. April 1914, Bl. 1914, S. 343; anderer Auffassung Österr. Patentamt Bl. 1923 S. 121). Dagegen könnte man einwenden, daß der Unionsvertrag grundsätzlich nur den Unionsangehörigen zugute kommen solle. Für den Unionsangehörigen ist es aber ein Vorteil, wenn er über sein Prioritätsrecht frei verfügen kann.

Der von mehreren eingereichten Anmeldung kann das Prioritätsrecht auch dann zustehen, wenn die ausländische Anmeldung nicht von ihnen allen bewirkt ist; es genügt, daß der im Inland Hinzugekommene sein Recht von den anderen ableitet (Bl. 1910 S. 5).

Dasselbe gilt auch für Gebrauchsmuster, Muster und Modelle und Warenzeichen, bei letzteren ist dabei die Frage des Geschäftsbetriebes und der akzessorischen Natur zu berücksichtigen.

Für die Frage, ob die Hinterlegung des Gesuches im Erstanmeldestaate ordnungsmäßig erfolgt ist, sind, wie schon oben erwähnt, die Gesetze des Erstanmeldestaates maßgebend. Die Rechtsmäßigkeit der Übertragung des Prioritätsrechts ist dagegen nach den Gesetzen des betreffenden Landes der Nachanmeldung zu beurteilen (Bl. 1906 S. 129). Nach deutschem Gesetz ist für die Übertragung gemäß § 413 in Verbindung mit § 398 BGB. eine Form überhaupt nicht vorgeschrieben. Die Übertragung des Rechts muß vor der Zweitanmeldung stattfinden.

Wenn jemand die erste Anmeldung oder ein darauf erlangtes Patent verkauft, so sollte er stets genaue Abmachungen darüber aufstellen, ob er nur die Anmeldung oder das Patent im Erstanmeldestaate abtritt oder auch die Prioritätsrechte für andere Staaten und für welche. Für den Käufer werden Weiterungen und etwaige Rechtsverluste erspart bleiben, wenn er die Übertragung für Deutschland in nach deutschem Recht beweisender Form ausstellen läßt.

Wie verhält es sich nun, wenn keine derartigen Abmachungen getroffen sind? Es ist dann der Wille der Parteien bei Vertragsschluß zu erkunden. Hat jemand seine Erfindung mit allen Rechten abgetreten, so ist anzunehmen, daß auch die Prioritätsrechte für alle Länder abgetreten sind. Verkauft jemand seine Erfindung zwecks Anmeldung für ein bestimmtes Land, so hat er damit auch das Prioritätsrecht für dieses Land abgegeben. Gibt dagegen jemand seine Ursprungsanmeldung in einem bestimmten Lande ab, so ist nicht anzunehmen, daß damit auch das Prioritätsrecht für die anderen Länder abgetreten ist. Auch steht dem Lizenznehmer einer einfachen oder ausschließlichen Lizenz mangels besonderer Vereinbarung nicht das Recht zu, die Auslandsprioritäten für sich zu beanspruchen (Hüfner, GRuU. 1907 S. 129).

f) Identität des Gegenstandes.

Der Gegenstand einer Patentanmeldung oder eines Musters muß nur dem Wesen nach derselbe sein, wie er in der ersten Anmeldung beschrieben wurde. Es kommt nicht darauf an, daß die Beschreibungen und Zeichnungen, und auch nicht, daß die Patentansprüche oder Schutzansprüche übereinstimmen (Bl. 1912 S. 131). Diese können den Gepflogenheiten des Amtes und auch den Wünschen des Anmelders entsprechend beliebig gefaßt werden. Es kommt nur darauf an, daß alles, was in der neuen Anmeldung beansprucht wird, schon in der ersten Anmeldung geoffenbart war. Bei der Beurteilung, ob dies der Fall ist, hat das Patentamt nach denselben Grundsätzen zu urteilen, welche bei nachträglicher Abänderung einer deutschen Anmeldung gelten (Isay S. 164). Natürlich kann auch ein Teil der ursprünglich angemeldeten Erfindung bei der zweiten Anmeldung weggelassen werden. Die neue Anmeldung kann auch einen Überschuß über die alte Anmeldung enthalten. Für diesen gilt dann die Priorität nicht, und es muß in dem neuen Patent vermerkt werden, auf welche Teile sich die beanspruchte Priorität bezieht.

In Deutschland und in vielen anderen Ländern ist die Beanspruchung von sog. Teilprioritäten gestattet, d. h. es können mehrere Auslandsanmeldungen mit verschiedenem Anmeldedatum in einer Anmeldung zusammengefaßt werden, wobei angegeben wird, auf welche Patentansprüche sich die einzelnen

Prioritäten beziehen. Verschiedene Länder gewähren dagegen solche Teilprioritäten nicht und verlangen für jede Erfindung eine neue Patentanmeldung. Da hierdurch den Anmeldern höhere Kosten entstehen, ist auf internationalen Versammlungen schon häufig der Wunsch ausgesprochen worden, in dem Unionsvertrag eine Bestimmung aufzunehmen, daß Teilprioritäten erlaubt sein sollen. Natürlich kann es sich dabei nur um Vereinigung solcher Erfindungen handeln, welche denselben Erfindungsgegenstand betreffen. Dies ist in der Regel deswegen der Fall, weil die weiteren Anmeldungen meist Verbesserungen der ersten darstellen.

Es kann auch eine im Ausland als Patent angemeldete Erfindung in Deutschland als Gebrauchsmuster angemeldet werden. Auf die Bezeichnung des betreffenden Schutzrechts kommt es nicht an, sondern nur auf den Inhalt des Schutzes. Ein deutsches Gebrauchsmuster wird in der Regel im Ausland als Patent angemeldet werden, da es außer in Deutschland nur in Japan Gebrauchsmustergesetze gibt. Es kann aber auch die Eintragung als Muster oder Modell in Frage kommen. Ein ausländisches Muster und Modell kann, wenn dessen Neuheit in einer nützlichen Formgebung zu erblicken ist, als Gebrauchsmuster in Deutschland geschützt werden (Alexander-Katz, in GRuU. 1902 S. 339). Dagegen ist es natürlich nicht angängig, die Priorität aus einer ausländischen Muster- oder Modellanmeldung für ein Warenzeichen in Deutschland zu beanspruchen, da diese beiden Schutzarten ihrem Wesen nach verschieden sind.

Kritik. Das Land, in dem die Priorität beansprucht wird, darf prüfen, ob die vorgelegten Prioritätsunterlagen mit der Voranmeldung übereinstimmen. Die Tagung Berlin schlug vor, eine solche Bestimmung in den Unionsvertrag aufzunehmen.

g) Prioritätsfrist.

Die zweite Anmeldung muß innerhalb der im Absatz c des Artikels angegebenen Frist erfolgen. Eine Verlängerung dieser Frist ist ausgeschlossen.

Der Beginn der Frist richtet sich nach den Gesetzen desjenigen Landes, in welchem die erste Anmeldung hinterlegt wurde.

Die nationale Priorität kann nun von der internationalen Priorität nach Art. 4 verschieden sein. Wenn z. B. im Ursprungslande eine Anmeldung auf Grund des Ausstellungsprioritätsschutzes eingereicht wurde, so gilt als Prioritätsdatum im Sinne des Art. 4 erst der Tag der vorschriftsmäßigen Hinterlegung dieser Anmeldung und nicht derjenige des Beginns der Ausstellung oder Schaustellung. Meldet in Deutschland jemand eine ihm widerrechtlich entnommene Erfindung auf Grund des § 3 des Patentgesetzes neu an, so läuft die internationale Prioritätsfrist vom Tage der Neuanmeldung an. Ein anderer Fall wäre, wenn jemand eine Anmeldung wegen Nichteinheitlichkeit in zwei Anmeldungen teilt. Hier läuft die Unionspriorität vom Tage der Hinterlegung der vereinigten Anmeldung (Damme, GRuU. 1911 S. 153ff.).

Der Ablauf der Frist richtet sich nach den Bestimmungen desjenigen Unionsstaates, in welchem die Prioritätsrechte aus dem Vertrage geltend gemacht werden (Bl. 1907 S. 28).

Die Berechnung der Fristen geschieht in Deutschland nach den §§ 187, 188 BGB. Die Fristen laufen mit demjenigen Tage des letzten Monats ab, welcher durch seine Zahl dem Tage entspricht, an welchem die Voranmeldung eingereicht worden ist. Fehlt in dem letzten Monat der maßgebende Tag, so endigt die Frist mit dem Ablaufe des letzten Tages dieses Monats. Nach § 193 BGB. tritt, wenn der letzte Tag der Frist ein Sonntag oder ein staatlich anerkannter allgemeiner Feiertag ist, an die Stelle des Sonntags oder des Feiertags der nächstfolgende Werktag.

Wird ein Gebrauchsmuster im zweiten Lande als Muster oder Modell angemeldet, so beträgt die Frist 12 Monate, im umgekehrten Falle jedoch, wenn auf Grund einer Anmeldung zum Muster oder Modell, ein Gebrauchsmuster im zweiten Lande angemeldet wird, 4 Monate, weil die Prioritätsfrist durch den Charakter desjenigen Schutzanspruches bedingt wird, auf welchen das Prioritätsrecht sich gründet (Osterrieth S. 79 und 80).

Kritik. Die Prioritätsfrist für Warenzeichen sollte auf ein Jahr erstreckt werden (Tagung Berlin).

h) Vorbenutzungsrecht.

Die Worte „vorbehaltlich der Rechte Dritter“ werden so ausgelegt, daß hierdurch derjenige, welcher eine Erfindung vor ihrer Anmeldung seitens eines Dritten im Inlande in Benutzung genommen oder die dazu erforderlichen Maßnahmen getroffen hat, berechtigt ist, trotz der Erteilung eines Patentes die Erfindung für seinen eigenen Betrieb weiter zu benutzen und die nach der Erfindung hergestellten Gegenstände auch weiterhin zu verkaufen. Dieses sog. Vorbenutzungsrecht kann auch während der Prioritätsfrist entstehen. Allerdings lassen einige Länder, wie z. B. die Schweiz und Amerika, ein solches Vorbenutzungsrecht nicht zu. In Deutschland dagegen (RGZ. vom 5. Juni 1920 Bl. 1920 S. 108) und in den meisten anderen Ländern ist die Entstehung eines solchen Vorbenutzungsrechts während der Prioritätsfrist möglich.

Bei Gebrauchsmustern kann ebenso ein Vorbenutzungsrecht entstehen.

Auch der unionsangehörige Ausländer kann nach dem Grundsatz der Gleichberechtigung unter denselben Bedingungen ein Vorbenutzungsrecht erwerben.

Die Entstehung eines solchen Vorbenutzungsrechts während der internationalen Prioritätsfrist ist nun von der größten Wichtigkeit, da hierdurch ein Patent sehr wesentlich in seinem Werte beeinträchtigt oder durch die entstehende Konkurrenz überhaupt fast wertlos gemacht werden kann. Wenn ein Erfinder nun in einem Lande seine Erfindung angemeldet hat, so soll er nach der Absicht des Unionsvertrages die Möglichkeit haben, unter dem Schutze der Unionspriorität die Neuheit seiner Anmeldung entweder durch eine amtliche Prüfung oder sonstwie zu prüfen und ferner auch die praktische Anwendbarkeit und die Verkäuflichkeit seiner Erfindung erproben können, so daß er die Kosten und Arbeitsaufwendungen für die Auslandsanmeldungen erst hiernach aufwenden muß. Dabei läuft er aber Gefahr, daß seine Erfindung bekannt und in einem anderen Lande, in welchem ein Vorbenutzungsrecht vom Gesetz anerkannt wird, in Benutzung genommen wird, wodurch das Prioritätsrecht wieder ohne Nutzen für ihn wäre.

Der Erfinder muß sich daher, falls er die Prioritätsfrist ausnutzen will, damit behelfen, daß er seine Erfindung noch möglichst so weit geheim hält, daß sie nicht in Zeitschriften oder sonstigen Druckschriften beschrieben wird und nicht zur Kenntnis von Angehörigen solcher Länder gelangt, in welchem ein Vorbenutzungsrecht nach dem dortigen Gesetze besteht.

Nach dem deutschen Patentgesetz besteht die Möglichkeit, die amtliche Bekanntmachung um zweimal 3 Monate, also 6 Monate, auszusetzen. Hierdurch wird die Möglichkeit eines Bekanntwerdens verhindert.

Auch ist eine solche Aussetzung der Bekanntmachung mit Rücksicht auf die Möglichkeit einer Anmeldung in Frankreich nach Ablauf der Prioritätsfrist notwendig, da die amtliche Bekanntmachung einer Anmeldung im Reichsanzeiger und die Auslegung im Patentamt als Vorveröffentlichung in Frankreich gilt.

Kritik. Darüber, ob nach dem Wortlaut und dem Sinne des Unionsvertrages die Entstehung eines Vorbenutzungsrechts möglich ist und ob bei einer Revision des Unionsvertrages das Vorbenutzungsrecht aufrechterhalten oder beseitigt werden soll, sind die Meinungen geteilt. Es besteht hierüber ein sehr umfangreiches Schrifttum (Kloeppel, GRuU. 1902 S. 191, woselbst Angaben über ältere Literatur; Wirth, GRuU. 1903 S. 1; Kloeppel, GRuU. 1903 S. 61; Damme, GRuU. 1904 S. 107; H. Isay, GRuU. 1909 S. 257; Dunkhase, MuW. 1920/21 S. 81). Der Congrès Rome wünschte die Frage dem Comité internationale de la propriété industrielle zur Prüfung zu überweisen, während die Tagung Berlin sich gegen die Entstehung des Vorbenutzungsrechts aussprach.

Durch die Möglichkeit der Entstehung eines solchen Vorbenutzungsrechts wird, wie oben erwähnt, der Wert des Unionsprioritätsrechts außerordentlich vermindert. Andererseits erscheint es ungerecht, demjenigen, welcher bereits viele Kosten und Zeit auf die Einführung einer Erfindung verwendet hat, zuzumuten, diese Einrichtung stillzulegen, wenn er nachträglich erfährt, daß ein Dritter auf Grund der Unionspriorität dieselbe Erfindung angemeldet hat.

Eine Regelung ähnlich der Art, wie hauptsächlich Wirth und Kloeppel vorgeschlagen haben, erscheint die richtige, wonach derjenige, welcher sich ein Prioritätsrecht ohne die Möglichkeit der Entstehung eines Vorbenutzungsrechts vorbehalten will, eine Kopie seiner Anmeldung in allen Ländern, in welchen er die Priorität geltend zu machen sich vorbehalten will, bei den Patentämtern niederlegen muß. Jeder, der eine neue Fabrikation aufnimmt, könnte sich dann durch Einsichtnahme dieser Vormerkungen überzeugen, ob er mit einer nachträglichen Erteilung eines Patentes an einen Dritten rechnen muß. Ist dagegen eine solche Vormerkung in einem Lande nicht eingereicht, so könnte in diesem ein Vorbenutzungsrecht während der Unionsfrist entstehen.

Artikel 5.

Die durch den Patentinhaber bewirkte Einfuhr von Gegenständen, welche in einem oder dem anderen Verbandsland hergestellt sind, in das Land, in welchem das Patent erteilt worden ist, soll den Verfall des letzteren nicht zur Folge haben.

Gleichwohl soll der Patentinhaber verpflichtet bleiben, sein Patent nach Maßgabe der Gesetze des Landes, in welches er die patentierten Gegenstände einführt, auszuüben, jedoch mit der Einschränkung, daß der Verfall eines Patentes wegen Nichtausübung in einem Verbandsland erst nach Ablauf von drei Jahren seit der Hinterlegung des Gesuchs in diesem Lande und nur dann ausgesprochen werden kann, wenn der Patentinhaber Gründe für seine Untätigkeit nicht dartut.

a) Einfuhr.

Der erste Absatz dieses Artikels bezieht sich lediglich auf das französische Patentgesetz, nach welchem die Einfuhr eines im

Auslande hergestellten, in Frankreich patentierten Gegenstandes das französische Patent zur Löschung bringt. Dieses Gesetz ist also für den Verkehr unter Unionsstaaten nicht mehr wirksam. Im deutschen Patentgesetz findet sich eine derartige Bestimmung nicht.

b) Ausübungszwang.

Dagegen bleibt der sog. Ausübungszwang in denjenigen Ländern, in welchen er vorgeschrieben ist, bestehen. Er ist aber insoweit eingeschränkt, daß er nicht vor Ablauf von drei Jahren entstehen kann und dann auch nur, wenn der Patentinhaber keine genügenden Gründe für seine Untätigkeit vorbringen kann.

Als Gründe zur Nichtausübung sind anzusehen: Krankheit, Mittellosigkeit des Patentinhabers, vergebliche Lizenzangebote und andere, von dem Willen des Patentinhabers unabhängige Umstände.

Für Deutschland kommt der Abs. 2 des § 11 des Gesetzes betreffend den Patentausführungszwang vom 6. 6. 11 (Blatt 1911 S. 181) in Betracht, welcher lautet:

„Das Patent kann, soweit nicht Staatsverträge entgegenstehen, zurückgenommen werden, wenn die Erfindung ausschließlich oder hauptsächlich außerhalb des Deutschen Reiches oder der Schutzgebiete ausgeführt wird. Die Übertragung des Patentes auf einen anderen ist insofern wirkungslos, als sie nur den Zweck hat, der Zurücknahme zu entgehen."

Der Art. 5 des Unionsvertrages gilt nur für Patente, nicht für Gebrauchs- und Geschmacksmuster. Für Gebrauchsmuster besteht in Deutschland überhaupt kein Ausführungszwang.

Mit der Schweiz und den Vereinigten Staaten von Nordamerika bestehen Sonderverträge (s. Anhang), nach welchen die Ausübung in dem einen Lande derjenigen in dem anderen gleichgestellt wird.

In dem Übereinkommen zwischen dem Deutschen Reich und der Schweiz betreffend den gegenseitigen Patent-, Muster- und Markenschutz vom 13. April 1892 bzw. 26. Mai 1902 (RGBl. 1894 S. 511 und 1903 S. 181) ist ausdrücklich betont (Art. 5 Abs. 4), daß die Bestimmung des Schweizer Patentgesetzes, wonach ein Erfindungspatent erlischt, wenn der patentierte Artikel vom Auslande eingeführt wird und der Inhaber einem Schweizer eine Lizenz auf billiger Grundlage verweigert, nicht aufgehoben wird.

Das Abkommen mit den Vereinigten Staaten von Amerika vom 23. Februar 1909 (RGBl. 1909 S. 895 und 1922 Teil II Nr. 7, S. 132) hat für deutsche Staatsangehörige, welche ihre Erfindung in Deutschland ausüben, keine Bedeutung, da das amerikanische Gesetz ohnedies keinen Ausübungszwang kennt. Dagegen ist es für die amerikanischen Staatsangehörigen von Vorteil; eine Zurücknahme ihrer Patente wegen Nichtausübung in Deutschland kann gegen sie nicht ausgesprochen werden.

In den übrigen Verbandsländern sind die Vorschriften über die Ausübung verschieden. Es besteht entweder die Verpflichtung, den Gegenstand in dem betreffenden Lande fabrikmäßig herzustellen oder eine Lizenz an dem betreffenden Patent zu erteilen.

Für den Patentinhaber ist dieser Ausübungszwang von großem Nachteil, da er hierdurch nicht in der Lage ist, die Gegenstände seines Patentes in seinem Heimatslande herzustellen und beliebig nach den anderen Ländern, in welchen er ebenfalls ein Patent besitzt, zu exportieren. Er ist daher in der Regel gezwungen, entweder seine Auslandspatente zu verkaufen oder Lizenzen an Fabrikanten in dem betreffenden Lande abzugeben, wodurch er oft nicht denselben Nutzen aus seiner Erfindung ziehen kann, wie wenn er die Gegenstände in einer einzigen Fabrik im großen herstellen würde. Die Einrichtung von Fabriken im Auslande erfordert große Kostenaufwendung und ist daher nur sehr kapitalkräftigen Unternehmern möglich und für diese natürlich auch mit Nachteilen verbunden.

Wird ein Patent im Auslande nicht ausgenutzt, so muß der Patentinhaber, um dem Nachteil der Nichtausübung zu entgehen, ernsthafte Anstrengungen zur Ausübung in dem betreffenden Lande aufwenden, um im Falle einer Löschungsklage nachweisen zu können, daß er die Nichtausübung nicht verschuldet habe. Zu diesem Zwecke wird er Angebote zum Kauf oder zur Lizenznahme an die Industriellen des betreffenden Landes richten müssen. Durch den Art. 5 der Union ist eine Zurücknahme eines Patentes wegen Nichtausübung erst nach Ablauf von 3 Jahren seit der Hinterlegung des Gesuches in diesem Lande möglich und werden daher erst einige Zeit vor Ablauf dieser Frist derartige Ausübungsversuche anzustellen sein.

Kritik. Die Frage des Ausübungszwanges hat fast alle internationalen Kongresse beschäftigt. Er wurden die verschiedensten Vorschläge zur einheitlichen Regelung durch die Union vorgebracht. Von Schütz hat bereits im Jahre 1896 (GRuU. 1896 S. 377) die vollständige Abschaffung von Ausübungszwang und Zwangslizenz als den einzig richtigen Weg erklärt, da die ewig gültigen Gesetze der Wirtschaft schon von selbst die Versorgung des Bedarfs mit den Gegenständen der Erfindung erzwingen würden.

Gegen eine derartige Regelung wurde geltend gemacht, daß der Ausübungszwang für ein Land zur Hebung der Wirtschaft nützlich und notwendig sei. Es sei nicht angebracht, daß ein einzelner durch einen Patentschutz sich alle Länder tributpflichtig mache. Dagegen ist einzuwenden, daß sich die Vorteile für die Wirtschaft der einzelnen Länder durch Erfindungen gegenseitig ausgleichen werden, da ja in jedem Lande entsprechend der Einwohnerzahl im Laufe der Jahre ungefähr die gleiche Anzahl wichtiger Erfindungen gemacht werden wird, wenn solche auch auf verschiedenem Gebiete liegen. In einem kleineren oder industriell weniger entwickelten Lande werden der Wahrscheinlichkeit nach weniger Erfindungen gemacht werden. Es wird daher bei Beseitigung des Ausübungszwanges auch weniger Fabriken zur Ausübung der Patente erhalten. Von den wenigen Fabriken aber, welche es durch Ausnützung einer geringen Anzahl eigener Erfindungen erhält, wird es einen größeren Zuwachs seines Nationalvermögens und seiner Steuerkraft erhalten, da diese Fabriken dann nach den größeren Ländern exportieren können. Auf diese Weise wird sich also der Nutzen aus Patenten für das Nationalvermögen und die Steuerkraft auch zwischen an Größe und Industrie verschiedenen Ländern ausgleichen.

Auf jeden Fall würde der Anreiz zur Begründung neuer Industrien zwecks Ausbeutung von Erfindungen vergrößert werden, wenn durch eine Vereinbarung der Verbandsländer der Ausübungszwang beseitigt würde.

Andererseits müßte bei Aufhebung des Ausübungszwanges dafür Sorge getragen werden, daß die bereits bestehende Industrie durch ein neues Patent nicht vernichtet und der Fortschritt der Technik durch Verbesserungen solcher Erfindungen nicht gehindert werden kann. Daher muß die Möglichkeit von Zwangslizenzen gegeben sein, durch welche auch andere neben dem Patentinhaber gegen eine angemessene Lizenzabgabe die Erfindung in solchen Fällen benutzen dürfen.

Auch für den Fall, daß der Patentinhaber den Bedarf an dem patentierten Gegenstand nicht nach angemessener Zeit befriedigt, muß eine Zwangslizenz gewährt werden können. (In ähnlichem Sinne Beschluß der Tagung Berlin.)

Artikel 6.

Jede im Ursprungslande vorschriftsmäßig eingetragene Fabrik- oder Handelsmarke soll so, wie sie ist, in den anderen Verbandsländern zur Hinterlegung zugelassen und geschützt werden.

Es können jedoch zurückgewiesen oder für ungültig erklärt werden:

1. Marken, die geeignet sind, Rechte zu verletzen, die von Dritten in dem Lande, wo der Schutz beansprucht wird, erworben sind.

2. Marken, die jeder Unterscheidungskraft entbehren oder ausschließlich aus Zeichen oder Angaben zusammengesetzt sind, die im Verkehre zur Bezeichnung der Art, der Beschaffenheit, der Menge, der Bestimmung, des Wertes, des Ursprungsorts der Waren oder der Zeit der Erzeugung dienen können, oder die in der üblichen Sprache oder in den redlichen und ständigen Verkehrsgepflogenheiten des Landes, wo der Schutz beansprucht wird, gebräuchlich geworden sind.

Bei der Würdigung der Unterscheidungskraft einer Marke sind alle Tatumstände zu berücksichtigen, insbesondere die Dauer des Gebrauchs der Marke.

3. Marken, die gegen die guten Sitten oder die öffentliche Ordnung verstoßen.

Als Ursprungsland soll das Land angesehen werden, in welchem der Hinterlegende seine Hauptniederlassung hat.

Liegt die Hauptniederlassung nicht in einem der Verbandsländer, so soll als Ursprungsland dasjenige angesehen werden, welchem der Hinterlegende angehört.

Schlußprotokoll zu Artikel 6.

Es besteht Einverständnis, daß die Bestimmung des ersten Absatzes des Artikel 6 nicht die Befugnis ausschließt, vom Hinterlegenden eine von der zuständigen Behörde ausgestellte Bescheinigung der ordnungsmäßigen Eintragung im Ursprungslande zu verlangen.

Es besteht Einverständnis, daß der Gebrauch von öffentlichen Wappen, Abzeichen oder Ehrenzeichen, der nicht durch die zuständigen Stellen gestattet wurde, oder der Gebrauch der in einem Verbandsland eingeführten amtlichen Prüfungs- und Gewährzeichen und -stempel als gegen die öffentliche Verordnung verstoßend im Sinne der Nr. 3 des Artikel 6 angesehen werden kann.

Es sollen jedoch Marken nicht als gegen die öffentliche Ordnung verstoßend angesehen werden, wenn sie mit Ermächtigung der zuständigen Stellen die Darstellung von öffentlichen Wappen, Abzeichen oder Ehrenzeichen enthalten.

Es besteht Einverständnis, daß eine Marke nicht schon deshalb als gegen die öffentliche Ordnung verstoßend angesehen werden kann, weil sie einer Vorschrift des Markenrechts nicht entspricht, es sei denn, daß diese Bestimmung selbst die öffentliche Ordnung betrifft.

a) Heimatsschutz.

Über die akzessorische Natur des Warenzeichenrechts von Ausländern besagt dieser Artikel des Unionsvertrages nichts, obwohl sie für die internationale Eintragung der Warenzeichen von großer Wichtigkeit ist (vgl. Art. 2).

Der erste Absatz des Schlußprotokolls bezieht sich nur auf die Geltendmachung des Anspruchs auf Schutz einer Marke telle quelle. Eine ausdrückliche oder indirekte Anerkennung des akzessorischen Charakters des Schutzes ausländischer Marken ist darin nicht zu erblicken (GRuU. 1912 S. 1ff.).

b) Ursprungsland.

Um das Recht in Anspruch nehmen zu können, daß eine Schutzmarke so, wie sie ist (telle quelle), in den anderen Verbandsländern eingetragen wird, muß der Anmelder nachweisen, daß die Marke im Ursprungslande vorschriftsmäßig eingetragen ist.

Als Ursprungsland wird dasjenige Land angesehen, in welchem der Hinterlegende seine Hauptniederlassung hat. Liegt die Hauptniederlassung aber nicht in einem der Verbandsländer, so gilt als Ursprungsland dasjenige, welchem der Hinterlegende angehört.

Von einer Hauptniederlassung kann eigentlich nur gesprochen werden, wenn der Anmelder mehrere Niederlassungen hat. Besitzt er nur eine Niederlassung, so ist diese eben seine Hauptniederlassung. Sind mehrere vorhanden, so ist diejenige die Hauptniederlassung, von welcher aus die anderen ihre Anweisungen erhalten und welche die Leitung des ganzen Unternehmens führt. Im Zweifelsfalle ist nach den tatsächlichen Umständen im einzelnen zu entscheiden. Bestehen dagegen mehrere selbständige Niederlassungen nebeneinander, so kann der Anmelder eine beliebige dieser als Ursprungsland bezeichnen.

Das Land, welchem der Hinterlegende angehört, kommt in Betracht, wenn die Hauptniederlassung außerhalb des Unionsgebietes liegt. In diesem Falle kann eine Zweigniederlassung im Unionsgebiete liegen, und kann dann der Anmelder dieses Land als Ursprungsland geltend machen. Als Angehörigkeit zu einem Verbandslande ist nach Art. 2 und 3 des Unionsvertrages die Staatsangehörigkeit oder der Wohnsitz in dem betreffenden Lande zu verstehen.

c) Vorschriftsmäßige Eintragung im Ursprungslande.

Die Marke muß im Ursprungslande vorschriftsmäßig eingetragen sein. Es genügt also nicht die Anmeldung allein, sondern sie muß von der dazu gesetzlich bestimmten Behörde bereits eingetragen sein. Daß die Eintragung auch rechtsgültig sei, ist kein Erfordernis (GRuU. 1912 S. 1ff.). Ein Zeugnis der Heimatsbehörde über die erfolgte Eintragung genügt. Es kann nur die Löschung im Heimatsstaate beantragt werden, wenn die Löschung oder Nichteintragung im Zweitstaate stattfinden soll (Osterrieth S. 163).

In manchen Ländern werden die Schutzmarken ohne Prüfung auf ihre Rechtsgültigkeit, und zwar entweder ohne jede Prüfung oder nur in der Richtung, ob sie überhaupt zeichenmäßig zu gebrauchen sind, eingetragen. Man könnte daher einwenden, daß dadurch die anderen Länder gezwungen würden, Marken einzutragen, welche ihrer Gesetzgebung in keiner Weise entsprechen. Um das zu verhindern, sind in oben abgedrucktem Artikel die Gründe angegeben, aus welchen die Eintragung einer Marke zurückgewiesen werden kann. Mit der Frage des akzessorischen Charakters hängt diese Bestimmung nicht zusammen. Durch ihn kann allerdings noch das Erfordernis der rechtsgültigen Eintragung und des Bestehens der Marke im Heimatlande hinzukommen.

d) Zurückweisungsgründe.

Die Zurückweisungsgründe, welche unter 1, 2 und 3 des obengenannten Artikels 6 genannt sind, sind ausschließlicher Art, d. h. die Eintragung der Marke darf aus keinen anderen Gründen verweigert werden.

Die Prüfung wegen des Vorliegens der Zurückweisungsgründe sind von der Beurteilung des Zeichens durch die Auslandsbehörde unabhängig (Bl. 1911 S. 128).

Nr. 1. Unter den Marken, die geeignet sind, Rechte Dritter zu verletzen, kommen besonders ältere Schutzrechte wie Marken in solchen Ländern in Betracht, in welchen der Schutz einer Marke durch den Gebrauch und nicht erst durch die Eintragung derselben entsteht. Ferner können als solche Rechte in Betracht kommen: „Urheberrechte“, „Geschmacksmusterrechte“, „Rechte an Namen oder Firmen“ oder irgendwelche vertraglichen Bestimmungen.

Nr. 2. Unter dieser Nummer sind die Bezeichnungen aufgeführt, welche dem allgemeinen Gebrauch vorbehalten bleiben müssen (Bl. 1911 S. 18).

Es hat sich jedoch gezeigt, daß auch derartige Angaben, beispielsweise Buchstaben, Zahlen oder Ortsangaben, zur Unterscheidung im Verkehr geeignet sind, wenn sich das Publikum daran gewöhnt hat, bestimmte derartige Angaben mit der Herkunft der Ware in Verbindung zu bringen. Beispielsweise haben sich die bekannten schwedischen Eisenmarken, welche lediglich aus Zeichen ganz einfacher Form bestehen, im Verkehr allgemein eingebürgert.

Es wurde daher in obigem Artikel der Zusatz gemacht, daß bei der Würdigung der Unterscheidungskraft einer Marke alle Tatumstände zu berücksichtigen sind, insbesondere die Dauer des Gebrauchs der Marke. Es müssen also die tatsächlichen Verhältnisse berücksichtigt werden und eine Marke, welche sich als unterscheidungsfähig im Verkehr bereits erwiesen hat, eingetragen werden.

Nach dem deutschen Warenzeichengesetz § 4 Ziffer 1 sind solche Zeichen in Deutschland nicht eintragungsfähig und können daher nur für Ausländer auf Grund des Unionsvertrages Aufnahme in die Rolle finden. Man hat daher, um den Inländer nicht schlechter zu stellen wie den Ausländer, in diesem Falle auch für Inländer solche Zeichen zur Eintragung zugelassen. Es sind daher, nachdem die Union in der Fassung nach der Washingtoner Revision in Deutschland Gesetz geworden ist, auch Zeichen eingetragen worden, welche ausschließlich aus Buchstaben, Zahlen oder Ortsnamen bestehen (MuW. 1912/13 S. 669, MuW. 1915/16 S. 396, Bl. 1922 S. 28 und 46).

Nr. 3. Marken, die gegen die guten Sitten oder gegen die öffentliche Ordnung verstoßen, werden ebenfalls zurückgewiesen. Als nicht gegen die öffentliche Ordnung verstoßend sind anzusehen die Darstellung von öffentlichen Wappen, Abzeichen oder Ehrenzeichen, wenn sie mit Ermächtigung der zuständigen Stellen benutzt werden.

Die Abänderungen seiner Gesetze, welche Deutschland vorgenommen hat, um diese in Einklang mit Art. 6 zu bringen, finden sich in dem Ausführungsgesetz auf S. 15.

Artikel 7.

Die Natur des Erzeugnisses, auf welchem die Fabrik- oder Handelsmarke angebracht werden soll, darf in keinem Falle die Hinterlegung der Marke hindern.

Mit den Worten „Natur des Erzeugnisses" ist die Natur der Gegenstände gemeint, welche mit der Schutzmarke versehen werden sollen.

Als Erzeugnisse sind nicht anzusehen: Immobilien sowie Geisteswerke als solche, soweit sie sich nicht in einem Gegenstand verkörpern.

Die Natur des Erzeugnisses könnte einer Eintragung hinderlich sein, weil das Feilhalten der Ware in einem Staate verboten ist, z. B. mit Rücksicht auf die öffentliche Sicherheit (Explosionsstoffe, pharmazeutische Produkte, Geheimmittel usw.), oder wenn es sich um Waren handelt, deren Feilhalten wegen Verstoßes gegen die guten Sitten verboten ist (unsittliche Broschüren und unsittliche Mittel), oder wenn für einen bestimmten

Gegenstand ein Monopol besteht, so daß dieser von Privatleuten nicht hergestellt und verkauft werden darf (Tabak, Streichhölzer, Salz).

Nach diesem Artikel müssen also die Warenzeichen auch für derartige Waren eingetragen werden, jedoch erhält der Warenzeicheninhaber hierdurch natürlich nicht die Erlaubnis, das Warenzeichen zu gebrauchen, das heißt, auf nicht erlaubten Waren anzubringen.

Die Eintragung kann für ihn jedoch insofern nützlich sein, daß er dadurch die Verwendung seines Warenzeichens für gleichartige Waren verhindern kann oder daß das Warenzeichen für ihn bereits vorbehalten ist, wenn ein Verbot zum Verkehr mit solchen Waren aufgehoben wird.

Nach dem deutschen Gesetz besteht keine Vorschrift, nach welcher für irgendwelche Waren Warenzeichen nicht eingetragen werden dürfen.

Kritik. Die vorliegende, bei der Revision in Washington 1911 beschlossene Fassung des Art. 6 hat sich im allgemeinen bewährt, nur wäre es wünschenswert, schärfer zum Ausdruck zu bringen, daß eine Marke nur dann zurückgewiesen werden kann, wenn sie ausschließlich zur Angabe der Warengattung usw. oder sprachlich gebräuchlich hierzu dienen. Auch sollte Abs. 2 Ziff. 2 wie folgt abgeändert werden: Bei Würdigung der Schutzfähigkeit dieser Marken sind alle Tatumstände zu berücksichtigen, insbesondere die Dauer des Gebrauchs (Tagung Berlin).

Artikel 7b.

Die vertragschließenden Länder verpflichten sich, Marken, die Verbänden gehören, deren Bestehen dem Gesetze des Ursprungslandes nicht zuwiderläuft, auch dann zur Hinterlegung zuzulassen und zu schützen, wenn diese Verbände eine gewerbliche oder Handelsniederlassung nicht besitzen.

Es steht jedoch jedem Lande zu, frei darüber zu bestimmen, unter welchen besonderen Bedingungen ein Verband zum Schutze seiner Marken zugelassen werden kann.

Infolge dieser Bestimmung hat Deutschland in seinem Warenbezeichnungsgesetz die §§ 24a bis 24h eingefügt, welche die näheren Vorschriften für Verbandszeichen enthalten (siehe das Gesetz zur Ausführung der Internationalen Union auf S. 15, 16 dieses Buches).

Ein Verband, der lediglich dazu gegründet ist, seinen Mitgliedern ein Verbandszeichen zur Verfügung zu stellen, und der selbst einen Geschäftsbetrieb nicht unterhält, ist als Idealverein im Sinne des BGB. anzusehen und seiner Eintragung stehen die §§ 21 und 22 BGB. nicht entgegen (Kommissionsbericht Bl. 1913 S. 181).

Artikel 8.

Der Handelsname soll in allen Verbandsländern, ohne Verpflichtung zur Hinterlegung, geschützt werden, gleichviel, ob er den Teil einer Fabrik- oder Handelsmarke bildet oder nicht.

a) Handelsname.

Der Artikel bezieht sich nur auf den Handelsnamen, also nicht auf den Familiennamen, soweit dieser nicht im geschäftlichen Verkehr verwendet wird.

Eine Firma ist als Handelsname anzusehen.

b) Akzessorische Natur.

Der Unionsvertrag sagt nichts darüber, ob der Schutz des Handelsnamens akzessorischer Natur ist. Es ist daher, ebenso wie bei Warenzeichen (vgl. Art. 2), den einzelnen Staaten überlassen, ob sie dieses Erfordernis aufstellen wollen. Die meisten Staaten verlangen den Heimatsschutz.

In Deutschland genießt nur der im Heimatsstaate geschützte Name ebenfalls einen Schutz (GRZ. Bl. 1901 S. 55).

Die Frage, ob im Heimatsstaate ein Schutz besteht, ist nach den Gesetzen dieses Staates zu entscheiden.

Sofern aber ein in einer Fabrik- oder Handelsmarke enthaltener Handelsname durch Erlöschen dieser Marke zum allgemeinen Gebrauch frei wird, so erlöscht damit nicht das Recht des Besitzers, Schutz für seinen Handelsnamen in einem anderen Verbandsstaate zu beanspruchen.

c) Umfang und Art des Schutzes.

Diese richten sich nach der Gesetzgebung jedes Landes, in welchem der Schutz beansprucht wird. Jedoch muß ein Schutz auch dann gewährt werden, wenn in diesem Lande eine Verpflichtung zur Hinterlegung besteht und der Fremde seinen Handelsnamen nicht hinterlegt hat.

In Deutschland stehen folgende Gesetze zu Hilfe:

Handelsgesetzbuch § 37: „Wer eine nach den Vorschriften dieses Abschnitts ihm nicht zustehende Firma gebraucht, ist von dem Registergerichte zur Unterlassung des Gebrauchs der Firma durch Ordnungsstrafen anzuhalten. Die Höhe der Strafen bestimmt sich nach § 14 Satz 2.

Wer in seinen Rechten dadurch verletzt wird, daß ein anderer eine Firma unbefugt gebraucht, kann von diesem die Unterlassung des Gebrauchs der Firma verlangen. Ein nach sonstigen Vorschriften begründeter Anspruch auf Schadensersatz bleibt unberührt."

Warenbezeichnungsgesetz § 14: „Wer wissentlich oder aus grober Fahrlässigkeit Waren oder deren Verpackung oder Umhüllung oder Ankündigungen, Preislisten, Geschäftsbriefe, Empfehlungen, Rechnungen oder dergleichen mit dem Namen oder der Firma eines anderen oder mit einem nach Maßgabe dieses Gesetzes geschützten Warenzeichens widerrechtlich versieht oder dergleichen widerrechtlich gekennzeichnete Waren in Verkehr bringt oder feilhält, ist dem Verletzten zur Entschädigung verpflichtet.

Hat er die Handlung wissentlich begangen, so wird er außerdem mit Geldstrafe von einhundertfünfzig bis fünftausend Mark oder mit Gefängnis bis zu 6 Monaten bestraft. Die Strafverfolgung tritt nur auf Antrag ein. Die Zurücknahme des Antrages ist zulässig."

Gesetz gegen den unlauteren Wettbewerb § 14.

Dieser Paragraph kann in Anwendung kommen, da in dem Versehen der Ware mit dem Namen eines andern die Behauptung liegen kann, daß die Ware des andern mit der seinigen identisch sei.

Gesetz gegen den unlauteren Wettbewerb § 16.

„Wer im geschäftlichen Verkehr einen Namen, eine Firma oder die besondere Bezeichnung eines Erwerbsgeschäfts, eines gewerblichen Unternehmens oder einer Druckschrift in einer Weise benutzt, welche geeignet ist, Verwechselungen mit dem Namen, der Firma oder der besonderen Bezeichnung hervorzurufen, deren sich ein anderer befugterweise bedient, kann von diesem auf Unterlassung der Benutzung in Anspruch genommen werden.

Der Benutzende ist dem Verletzten zum Ersatze des Schadens verpflichtet, wenn er wußte oder wissen mußte, daß die mißbräuchliche Art der Benutzung geeignet war, Verwechselungen hervorzurufen.

Der besonderen Bezeichnung eines Erwerbsgeschäfts stehen solche Geschäftsabzeichen und sonstigen zur Unterscheidung des Geschäfts von anderen Geschäften bestimmten Einrichtungen gleich, welche innerhalb beteiligter Verkehrskreise als Kennzeichen des Erwerbsgeschäfts gelten. Auf den Schutz von Warenzeichen und Ausstattungen (§§ 1, 15 des Gesetzes zum Schutze der Warenbezeichnungen vom 12. Mai 1894, Reichs-Gesetzbl. S. 441) finden diese Vorschriften keine Anwendung.

Die Vorschrift des § 13, Abs. 3 findet entsprechende Anwendung.

Artikel 9.

Jedes widerrechtlich mit einer Fabrik- oder Handelsmarke oder mit einem Handelsnamen versehene Erzeugnis ist bei der Einfuhr in diejenigen Verbandsländer, in welchen diese Marke oder dieser Handelsname Recht auf gesetzlichen Schutz hat, zu beschlagnahmen.

Läßt die Gesetzgebung eines Landes die Beschlagnahme bei der Einfuhr nicht zu, ist die Beschlagnahme durch das Verbot der Einfuhr zu ersetzen.

Die Beschlagnahme ist auch in dem Lande vorzunehmen, wo die widerrechtliche Anbringung stattgefunden hat, oder in dem Lande, wohin das Erzeugnis eingeführt worden ist.

Die Beschlagnahme erfolgt gemäß der inneren Gesetzgebung jedes Landes auf Antrag entweder der Staatsanwaltschaft oder einer anderen zuständigen Behörde oder einer beteiligten Partei, sei diese eine Einzelperson oder eine Gesellschaft.

Die Behörden sollen nicht gehalten sein, die Beschlagnahme im Falle der Durchfuhr zu bewirken.

Läßt die Gesetzgebung eines Landes weder die Beschlagnahme bei der Einfuhr noch das Einfuhrverbot, noch die Beschlagnahme im Inland zu, so sind diese Maßnahmen durch diejenigen Klagen und Rechtsbehelfe zu ersetzen, die das Gesetz dieses Landes im gleichen Falle den Staatsangehörigen sichert.

Beschlagnahmt werden nur solche Waren, welche widerrechtlich mit einem Warenzeichen oder einem Handelsnamen versehen sind.

Zu beachten ist aber auch noch der folgende Art. 10, welcher die Beschlagnahme auf die falschen Herkunftsbezeichnungen ausdehnt.

Widerrechtlichkeit liegt nur dann vor, wenn die Ware mit einer Kennzeichnung versehen ist, welche nach den Gesetzen des Einfuhrlandes unzulässig ist. Verstößt die Kennzeichnung nur gegen ein Recht in einem anderen Lande, so findet keine Beschlagnahme statt. Es kommt nicht darauf an, ob sich der Einführende der Widerrechtlichkeit bewußt ist, sondern nur darauf, ob die Widerrechtlichkeit tatsächlich besteht (Seligsohn, Warenzeichengesetz 1905 S. 305). Der Schutz, welcher einem Warenzeichen zusteht, richtet sich nach Art 6. Für Handelsnamen kommt Art. 8 in Betracht.

Auf Ausstattungen bezieht sich dieser Artikel nicht.

Eine Beschlagnahme besteht darin, daß das Erzeugnis in amtliche Verwahrung genommen oder sichergestellt wird. Die Beschlagnahme ist stets nur eine zeitlich beschränkte Verfügung, auf welche dann Einziehung (Konfiskation) zugunsten des Staates folgen kann.

Die Beschlagnahme erfolgt bei der Einfuhr, also bei der Zoll- oder Grenzbehörde.

Ob die Ware von einem Inländer oder einem Ausländer eingeführt wurde, ist für die vorliegenden Bestimmungen gleichgültig.

Auch wenn das Erzeugnis erst im Lande mit einer widerrechtlichen Bezeichnung versehen worden ist, muß es beschlagnahmt werden.

Wenn die Gesetzgebung eines Landes eine Beschlagnahme an der Grenze nicht zuläßt, so muß die Ware durch Einfuhrverbot ferngehalten werden. Besteht aber in dem betreffenden Lande auch kein Einfuhrverbot, so muß eine Beschlagnahme im Innern des Landes stattfinden. In letzter Linie sind diejenigen Klagen und Rechtsbehelfe anzuwenden, die das Gesetz dieses Landes im gleichen Falle den Staatsangehörigen sichert.

In jedem Falle sind die Gesetze des betreffenden Landes maßgebend.

Durch diesen Artikel sind die Unionsstaaten nicht verpflichtet, die Durchfuhr solcher Waren zu verbieten, deren Bezeichnung im Durchfuhrlande fremde Rechte oder sonstige Verbote verletzen würde. Wo ein solches Verbot nicht besteht, braucht es auch nicht aufgerichtet zu werden.

Ob die Beschlagnahme auf Antrag der Staatsanwaltschaft oder auf Antrag einer sonstigen Behörde oder nur auf Antrag einer beteiligten Partei erfolgen muß, richtet sich nach der inneren Gesetzgebung. Wo sie auf Antrag einer Behörde stattfindet, ist anzunehmen, daß diese Behörde den Antrag zu stellen verpflichtet ist, wenn ihr bekannt wird, daß eingeführte Waren widerrechtlich gekennzeichnet sind[1]). Beteiligte Partei ist diejenige Einzelperson oder Gesellschaft, welche das Recht an dem Warenzeichen oder dem Handelsnamen besitzt. Ein durch die falsche Bezeichnung getäuschter Käufer kann also keinen Antrag stellen. Der Antrag kann jederzeit zurückgenommen werden.

Deutschland gewährt einen weitergehenden Schutz, wie er durch Artikel 9 gegeben wird. Der § 17 des Warenbezeichnungsgesetzes lautet nämlich: „Ausländische Waren, welche mit einer deutschen Firma und Ortsbezeichnung, oder mit einem in die Zeichenrolle eingetragenen Warenzeichen widerrechtlich versehen sind, unterliegen bei ihrem Eingang nach Deutschland zur Einfuhr oder Durchfuhr auf Antrag des Verletzten und gegen Sicherheitsleistung der Beschlagnahme und Einziehung. Die Beschlagnahme erfolgt durch die Zoll- und Steuerbehörden, die Festsetzung der Einziehung durch Strafbescheid der Verwaltungsbehörden (§ 459 der Strafprozeßordnung)“.

Kritik. Dieser Artikel sollte dahin geändert werden, daß jedes Land auf Antrag eines Beteiligten zur Beschlagnahme von Waren mit widerrechtlichen Marken oder falschen Herkunftsangaben bei der Einfuhr der Ware verpflichtet würde (Congrès Rome).

---

[1]) In England kann jedermann eine eingetragene Marke beim Zollamt niederlegen, welches proprio motu alle ähnlich scheinenden Kennzeichen beschlagnahmen kann.

Artikel 10.

Die Bestimmungen des vorigen Artikels sollen auf jedes Erzeugnis anwendbar sein, welches als Bezeichnung der Herkunft fälschlich den Namen eines bestimmten Ortes trägt, wenn diese Bezeichnung einem erfundenen oder einem zum Zwecke der Täuschung entlehnten Handelsnamen beigefügt wird.

Als Beteiligter gilt jeder Produzent, Fabrikant oder Kaufmann, welcher die Produktion oder die Fabrikation des Erzeugnisses oder den Handel mit demselben betreibt und in dem fälschlich als Herkunftsort bezeichneten Orte oder in der Gegend, in der dieser Ort liegt, seine Niederlassung hat.

Dieser Artikel ist nur in seltenen Fällen von Wichtigkeit, da die Gesetze der meisten Staaten, auf deren Schutz der Unionsangehörige auf Grund des Art. 2 Anspruch hat, weitergehende Maßnahmen gegen falsche Herkunftsbezeichnungen ermöglichen.

Die Bestimmungen des vorhergehenden Artikels betr. Beschlagnahme usw. sind auf falsche Herkunftsbezeichnungen nur dann anwendbar, wenn gleichzeitig auf der Ware ein erfundener oder täuschender Handelsname angebracht ist.

Als falsche Herkunftsbezeichnung ist die Angabe eines bestimmten Ortes anzusehen, aus welchem die Ware nicht stammt. Unter Herkunft einer Ware versteht man je nach der Eigenart dieser entweder den Ort, aus welchem die Rohstoffe stammen, oder den Ort, an welchem die Bearbeitung vorgenommen oder von welchem er versendet wurde. Eine falsche Herkunftsbezeichnung liegt nicht vor, wenn angegeben wird, daß die Ware nach einem an einem bestimmten Ort üblichen Verfahren hergestellt sei (z. B. „Nach Pilsener Art gebraut“ für Bier).

Manche Herkunftsbezeichnungen sind durch Handelsgebrauch zu Beschaffenheitsangaben geworden (z. B. Berliner Blau, Wiener Würstchen), so daß sie also hier nicht in Betracht kommen.

Der Gegensatz zu Ort ist gemäß Art. 1 des Madrider Abkommens „Stadt“ oder „Land“. Der Begriff „Ort“ umfaßt daher nicht ganze Länder oder größere Landesteile, sondern durch natürliche Verhältnisse abgegrenzte kleinere Gebiete, insbesondere insofern solche als Produktions- oder Gewinnungsstätten von Erzeugnissen einen einheitlichen Charakter tragen (Osterrieth S. 206). Eine Stadt ist mit ihren Vororten zusammen als Ort anzusehen.

Über Handelsname siehe Art. 8. Nur ein solcher Handelsname kommt in Frage, welcher nicht dem Bezeichnenden zusteht, sondern erfunden oder zum Zwecke der Täuschung einem anderen entlehnt ist.

Eine Beschlagnahme findet, wie bei Art. 9, nur auf Antrag statt. Die Beteiligten, welche einen solchen Antrag zu stellen berechtigt sind, sind im zweiten Absatz obigen Artikels genannt.

In Deutschland wird durch § 16 des Warenbezeichnungsgesetzes vom 12. Mai 1894 ein weitergehender Schutz gegen falsche Herkunftsbezeichnungen gewährt. Dieser Paragraph lautet: „Wer Waren oder deren Verpackung oder Umhüllung oder Ankündigungen, Preislisten, Geschäftsbriefe, Empfehlungen, Rechnungen oder dergleichen fälschlich mit einem Staatswappen oder mit dem Namen oder Wappen eines Ortes, eines Gemeinde- oder weiteren Kommunalverbandes zu dem Zweck versieht, über Beschaffenheit und Wert der Waren einen Irrtum zu erregen, oder wer zu dem gleichen Zweck derartig bezeichnete Waren in Verkehr bringt oder feilhält, wird mit Geldstrafe von einhundertfünfzig bis fünftausend Mark oder mit Gefängnis bis zu sechs Monaten bestraft.

Die Verwendung von Namen, welche nach Handelsgebrauch zur Benennung gewisser Waren dienen, ohne deren Herkunft bezeichnen zu sollen, fällt unter diese Bestimnung nicht.“

Artikel 10 b.

Alle vertragschließenden Länder verpflichten sich, den Angehörigen des Verbandes einen wirksamen Schutz gegen unlauteren Wettbewerb zu sichern.

Die meisten Unionstaaten haben wirksame Gesetze gegen den unlauteren Wettbewerb. Zum Teil sind dies Spezialgesetze, zum Teil allgemeine Rechtsklauseln, welche durch die Rechtsprechung auf alle Fälle des Wettbewerbs angewendet werden.

Die widerrechtliche Benutzung fremder Ausstattungen fällt ebenso unter den unlauteren Wettbewerb.

Auf Grund der Art. 2 und 3 kommt ein solcher Schutz auch fremden Unionsangehörigen zugute.

Da sich die Ausführung des unlauteren Wettbewerbs öfters über mehrere Staaten erstreckt, kann es zweifelhaft werden, in welchem Staate die Verfolgung stattfinden muß. Es kann dann eine Verfolgung in mehreren Staaten möglich werden.

Maßgebend für die Anwendung der Gesetze ist der Ort der begangenen Tat (Osterrieth S. 222).

In Deutschland gewährt das Gesetz gegen den unlauteren Wettbewerb vom 7. Juni 1909 einen weitgehenden Schutz, wobei besonders der § 1, die sog. Generalklausel, zu beachten ist. Ferner noch die §§ 823, 824 und 826 des BGB. sowie die §§ 15 und 16 des Warenbezeichnungsgesetzes.

Kritik. Ein weiterer Ausbau dieses Artikels durch Anführung der einzelnen unlauteren Handlungen wird allgemein angestrebt (Congrès Rome und Tagung Berlin).

Artikel 11.

Die vertragschließenden Länder werden den patentfähigen Erfindungen, den Gebrauchsmustern, den gewerblichen Mustern oder Modellen sowie den Fabrik- oder Handelsmarken für Erzeugnisse, welche auf den im Gebiet eines von ihnen veranstalteten, amtlichen oder amtlich anerkannten internationalen Ausstellungen zur Schau gestellt werden, in Gemäßheit der Gesetzgebung jedes Landes einen zeitweiligen Schutz gewähren.

Auf Grund dieser Bestimmung sind in fast allen Verbandsländern Gesetze zum Schutz der auf Ausstellungen gezeigten Erfindungsgegenstände, Muster und Modelle, und Schutzmarken erlassen worden. In Belgien werden von Fall zu Fall diesbezügliche Königliche Verordnungen erlassen.

Die gesetzlichen Bestimmungen sind in den verschiedenen Ländern verschieden, und zwar wird in einzelnen Gesetzen verlangt, daß eine Zeichnung und Beschreibung des Gegenstandes, welcher auf der Ausstellung gezeigt wird, bei der Ausstellungs- oder sonstigen Behörde niedergelegt werden muß, um den Beweis für das Vorhandensein des Ausstellungsschutzes erbringen zu können. In anderen Ländern ist eine solche Hinterlegung nicht notwendig und es entsteht der Schutz für eine bestimmte Zeit entweder von dem Anfang der Ausstellung oder von der Zeit der Schaustellung des Gegenstandes an.

Der Schutz ist stets zeitlich beschränkt, meistens dauert er 6 Monate, und zwar entweder von der Ausstellungseröffnung oder von der Zeit der Schaustellung des betreffenden Gegenstandes an. Er hat teilweise dieselbe Wirkung wie eine Eintragung, natürlich nur für die festgesetzte Zeit, oder er gewährt ein Prioritätsrecht wie der Art. 4 der Union.

Eine tabellarische Zusammenstellung der Gesetze betr. Ausstellungsschutz aller Länder findet sich im Propriété industrielle 1923, S. 98ff.

Für die Verbandsländer besteht die Verpflichtung einen Ausstellungsschutz nach obigem Artikel zu gewähren nur bei internationalen Ausstellungen, das sind solche, bei welchen auch Ausländer als Aussteller zugelassen werden (Osterrieth, S. 228). Die Gesetze der einzelnen Länder beziehen sich jedoch meist auf alle amtlichen Ausstellungen, auch wenn sie nur für inländische Aussteller veranstaltet werden.

Der Art. 11 gilt nur für amtliche oder amtlich anerkannte Ausstellungen. Das sind die, welche nach dem Verwaltungsrecht oder sonstigen Rechtsordnungen als solche anerkannt werden.

Die Dauer der Priorität nach vorliegendem Artikel richtet sich nach der Gesetzgebung des Landes, in welchem sie geltend gemacht wird. Die Priorität nach Art. 4 dagegen beginnt mit dem Datum der Hinterlegung der Anmeldung in dem betreffenden Staate (vgl. unter „Prioritätsfrist“ bei Art. 4).

In Deutschland ist das Reichsgesetz vom 18. März 1904 betreffend den Schutz von Erfindungen, Mustern und Warenzeichen auf Ausstellungen (RGBl. S. 141) erlassen worden, welches lautet:

„Erfindungen, Gebrauchsmustern, Mustern und Modellen, die auf einer inländischen oder ausländischen Ausstellung zur Schau gestellt werden, sowie Warenzeichen, die auf einer daselbst zur Schau gestellten Ware angebracht sind, wird ein zeitweiliger Schutz in Gemäßheit der nachfolgenden Bestimmungen gewährt:

1. Durch eine Bekanntmachung des Reichskanzlers im Reichsgesetzblatte wird im einzelnen Falle die Ausstellung bestimmt, auf die der zeitweilige Schutz Anwendung findet.

2. Der zeitweilige Schutz hat die Wirkung, daß die Schaustellung oder eine anderweitige spätere Benutzung oder eine spätere Veröffentlichung der Erfindung, des Musters oder des Warenzeichens der Erlangung des gesetzlichen Patent-, Muster- oder Zeichenschutzes nicht entgegenstehen, sofern die Anmeldung zur Erlangung dieses Schutzes von dem Aussteller oder dessen Rechtsnachfolger binnen einer Frist von sechs Monaten nach der Eröffnung der Ausstellung bewirkt wird. Die Anmeldung geht anderen Anmeldungen vor, die nach dem Tage des Beginns der Schaustellung eingereicht worden sind.“

Wenn also jemand eine Erfindung, Muster usw. ausstellt, so genießt er innerhalb von sechs Monaten eine Priorität zur Anmeldung beim Patentamt bzw. Musterregister. Die Frist wird vom offiziellen Eröffnungstag der Ausstellung an gerechnet. Seine Anmeldung geht allen anderen Anmeldungen vor, welche nach dem Tage beim Patentamt eingereicht wurden, nachdem er den neuen Gegenstand auf der Ausstellung zur Schau gebracht hat.

Eine Bescheinigung der Ausstellungsbehörde über die erfolgte Ausstellung eines Gegenstandes ist nicht notwendig, dagegen muß man sich jedenfalls Beweise über die Zeit und den ausgestellten Gegenstand sichern.

Bei der Anmeldung kann er diese Priorität durch Angabe des Tages, an welchem er ausgestellt hat, geltend machen. Das ist besonders bei Patent- und Warenzeichenanmeldungen in der Regel zweckmäßig, da dann dieser Prioritätstag bei der Neuheitsprüfung vom Patentamt berücksichtigt werden kann und das Prüfungsverfahren beschleunigt wird. Notwendig ist diese Prioritätsbeanspruchung nicht, sie kann noch späterhin geltend gemacht werden. Das Reichs-Patentamt hat durch eine Bekanntmachung zur Erläuterung der Bestimmungen über die Anmeldung von Erfindungen angegeben, daß, falls der Anmelder einen Schutz auf Grund des Gesetzes vom 18. März 1904, betreffend den Schutz von Erfindungen und Mustern und Warenzeichen auf Ausstellungen in Anspruch nimmt, er einen entsprechenden Antrag in das Gesuch aufnehmen solle. Dies ist jedoch keine bindende Vorschrift (Bl. 1919 S. 104).

Die Prioritätsbeanspruchung wird laut Präsidialbescheid (Mitteilungen vom Verband 1924, S. 6) in Urkunde und Veröffentlichung aufgenommen.

Da in Frankreich auch eine Ausstellung im Ausland als für Patente neuheitsschädlich ist, muß nach dem franz. Ausstellungsgesetz vom 11. April 1908 (Bl. 1908 S. 178) eine Bescheinigung von der französischen Ausstellungsvertretung bewirkt und das französische Patent innerhalb zwölf Monaten von der amtlichen Ausstellungseröffnung angemeldet werden (Mitteilungen vom Verband 1924 S. 11).

Kritik. Auf dem internationalen Kongreß in Washington 1911 war man der Ansicht, daß dem Ausstellungsschutz keine große Bedeutung zukomme. In neuerer Zeit haben aber gerade die internationalen Ausstellungen für den Handel und die Industrie an Wichtigkeit sehr zugenommen, ebenso für die Landwirtschaft zur Vorführung von neuen Maschinen. Wenn auch die Berufung auf den Ausstellungsschutz im Verfahren vor dem Patentamt selten vorkommt, so spielt sie doch bei Verhandlungen unter Beteiligten an Schutzrechten öfters eine Rolle. Die internationalen Kongresse haben schon wiederholt Verbesserungen des Art. 11 der Union für wünschenswert erklärt. Besonders beachtenswert erscheint der Vorschlag im Propriété industrielle 1923, S. 95ff.

Artikel 12.

Jedes der vertragschließenden Länder verpflichtet sich, eine besondere Behörde für das gewerbliche Eigentum und eine Zentralhinterlegungsstelle zur Mitteilung der Erfindungspatente, der Gebrauchsmuster, der gewerblichen Muster oder Modelle und der Fabrik- oder Handelsmarken an das Publikum einzurichten.

Dieses Amt wird nach Möglichkeit eine amtliche Zeitschrift herausgeben.

In Deutschland werden Patente, Gebrauchsmuster und Warenzeichen beim Reichs-Patentamt in Berlin eingetragen. Muster und Modelle sind bei der Gerichtsbehörde der Hauptniederlassung oder des Wohnorts des Anmelders, wenn beide jedoch nicht im Inlande liegen, bei dem Handelsgerichte in Leipzig zu hinterlegen.

Die amtlichen Zeitschriften des Patentamts sind: Blatt für Patent-, Muster- und Zeichenwesen; Patentblatt nebst Auszügen aus den Patentschriften; Warenzeichenblatt.

Die Eintragungen in die Musterrolle werden im Reichsanzeiger veröffentlicht.

Artikel 13.

Das unter dem Namen „Internationales Bureau zum Schutze des gewerblichen Eigentums“ zu Bern errichtete internationale Amt ist der hohen Autorität der Regierung der Schweizerischen Eidgenossenschaft unterstellt, die seine Einrichtung regelt und seine Geschäftsführung überwacht.

Das internationale Bureau hat die auf den Schutz des gewerblichen Eigentums bezüglichen Mitteilungen aller Art zu sammeln und in einer allgemeinen Statistik zu vereinigen, welche an alle Regierungen zu verteilen ist. Es hat sich mit gemeinnützigen Studien, welche für den Verband von Interesse sind, zu beschäftigen und mit Hilfe des ihm von den verschiedenen Regierungen zur Verfügung gestellten Aktenmaterials ein periodisches Blatt in französischer Sprache zu redigieren, welches die den Gegenstand des Verbandes betreffenden Fragen behandelt.

Die Nummern dieses Blattes sowie alle von dem internationalen Bureau veröffentlichten Schriftstücke sind auf die Regierungen der Verbandsländer im Verhältnis der Zahl der unten erwähnten Beitragseinheiten zu verteilen. Die außerdem von den genannten Regierungen oder von Gesellschaften oder Privatpersonen etwa beanspruchten Exemplare und Schriftstücke sind besonders zu bezahlen.

Das internationale Bureau hat sich jederzeit zur Verfügung der Verbandsmitglieder zu halten, um ihnen über die auf die internationale Verwaltung des gewerblichen Eigentums bezüglichen Fragen die besonderen Mitteilungen zu machen, deren sie bedürfen könnten. Über seine Amtsführung hat es jährlich einen Bericht zu erstatten, welcher den Mitgliedern des Verbandes mitzuteilen ist.

Die Amtssprache des internationalen Bureaus soll die französische Sprache sein.

Die Ausgaben des internationalen Bureaus werden gemeinsam von den vertragschließenden Ländern getragen. Sie dürfen in keinem Falle die Summe von 60 000 Franken jährlich übersteigen.

Um den Beitrag jedes Landes zu dieser Gesamtsumme der Kosten zu bestimmen, werden die vertragschließenden Länder und diejenigen, welche dem Verbande später beitreten möchten, in sechs Klassen geteilt, von denen jede im Verhältnis einer bestimmten Zahl von Einheiten beiträgt, nämlich:

die 1. Klasse	*25*	*Einheiten,*
„ 2. „	*20*	*„*
„ 3. „	*15*	*„*
„ 4. „	*10*	*„*
„ 5. „	*5*	*„*
„ 6. „	*3*	*„*

Diese Koeffizienten werden mit der Zahl der Länder jeder Klasse multipliziert, und die Summe der so erhaltenen Produkte bildet die Zahl von Einheiten, mit der die Gesamtausgabe zu dividieren ist. Der Quotient ergibt dann den Betrag der Ausgabeeinheit.

Jedes der vertragschließenden Länder wird bei seinem Beitritt die Klasse angeben, welcher es zugeteilt zu werden wünscht.

Die Regierung der Schweizerischen Eidgenossenschaft wird die Ausgaben des internationalen Bureaus überwachen, die nötigen Vorschüsse leisten und die Jahresrechnung aufstellen, welche allen anderen Regierungen mitgeteilt wird.

Das „Internationale Bureau“ befindet sich in Bern, Helvetiastr. 7. Es gibt die Zeitschrift „La Propriété Industrielle“ heraus. Sein Direktor und dessen Sekretäre arbeiten an der Ausdehnung und Fortbildung der Union durch schriftliche Tätigkeit und Teilnahme an Kongressen.

Artikel 14.

Die vorliegende Übereinkunft soll periodischen Revisionen unterzogen werden, um Verbesserungen herbeizuführen, welche geeignet sind, das System des Verbandes zu vervollkommnen.

Zu diesem Zwecke werden der Reihe nach in einem der vertragschließenden Länder Konferenzen zwischen den Delegierten der genannten Länder stattfinden.

Die Regierung des Landes, in welchem die nächste Konferenz tagen soll, hat mit Hilfe des internationalen Bureaus die Arbeiten dieser Konferenz vorzubereiten.

Der Vorsteher des internationalen Bureaus hat den Sitzungen der Konferenzen beizuwohnen und an den Verhandlungen ohne beschließende Stimme teilzunehmen.

Es haben schon eine Reihe solcher Konferenzen stattgefunden, von welchen jedoch nur die in der Überschrift des Textes der Union angeführten zu Abänderungen des Vertrags geführt haben.

Abänderungen können nur bei Einstimmigkeit stattfinden.

Artikel 15.

Man ist einverstanden, daß die vertragschließenden Länder sich das Recht vorbehalten, einzeln miteinander besondere Abmachungen zum Schutze des gewerblichen Eigentums zu treffen, sofern diese Abmachungen den Bestimmungen der vorliegenden Übereinkunft nicht zuwiderlaufen.

Hier sind zu nennen:

1. Abkommen, betreffend die internationale Markenregistrierung vom 14. April 1891.
2. Abkommen, betreffend Maßnahmen gegen falsche Ursprungsangaben vom 14. April 1891.

Artikel 16.

Die Länder, welche an der vorliegenden Übereinkunft nicht teilgenommen haben, sollen auf ihren Antrag zum Beitritt zugelassen werden.

Dieser Beitritt ist auf diplomatischem Wege der Regierung der Schweizerischen Eidgenossenschaft und von dieser den übrigen anzuzeigen.

Er hat mit voller Rechtswirkung den Anschluß an alle Bestimmungen und die Zulassung zu allen Vorteilen zur Folge, welche in der vorliegenden Übereinkunft vereinbart sind, und tritt einen Monat nach der Absendung der Anzeige durch die Regierung der Schweizerischen Eidgenossenschaft an die übrigen Verbandsländer in Kraft, sofern das beitretende Land nicht einen späteren Zeitpunkt angibt.

Zum Beitritt ist nur eine Erklärung des betreffenden Staates an die Eidgenössische Regierung in Bern notwendig. Einer Genehmigung oder einer Annahme des Beitritts seitens der anderen Staaten bedarf es nicht.

Artikel 16 b.

Die vertragschließenden Länder haben das Recht, der gegenwärtigen Übereinkunft jederzeit für ihre Kolonien, Besitzungen, abhängigen Gebiete und Protektorate oder für einzelne von ihnen beizutreten.

Sie können zu diesem Zwecke entweder eine allgemeine Erklärung abgeben, durch die alle ihre Kolonien, Besitzungen, abhängigen Gebiete und Protektorate in den Beitritt einbegriffen werden, oder ausdrücklich diejenigen nennen, welche darin einbegriffen sind, oder aber sich darauf beschränken, diejenigen anzugeben, welche davon ausgeschlossen sind.

Diese Erklärung soll schriftlich der Regierung der Schweizerischen Eidgenossenschaft und von dieser allen übrigen bekanntgegeben werden.

Die vertragschließenden Länder können in gleicher Weise die Übereinkunft für ihre Kolonien, Besitzungen, abhängigen Gebiete und Protektorate oder für einzelne von ihnen kündigen.

Artikel 17.

Die Ausführung der in der vorliegenden Übereinkunft enthaltenen gegenseitigen Verbindlichkeiten unterliegt, soweit nötig, der Erfüllung der Förmlichkeiten und Vorschriften, welche die verfassungsmäßigen Gesetze derjenigen vertragschließenden Länder erfordern, die deren Anwendung herbeizuführen gehalten sind, was sie in möglichst kurzer Frist zu tun sich verpflichten.

Innerhalb der Staaten wird der Unionsvertrag nur durch die innere Gesetzgebung wirksam.

Artikel 17 b.

Die Übereinkunft soll auf unbestimmte Zeit bis zum Ablauf eines Jahres vom Tage der Kündigung ab in Kraft bleiben.

Diese Kündigung soll an die Regierung der Schweizerischen Eidgenossenschaft gerichtet werden. Sie erstreckt ihre Wirkung nur auf das Land, welches sie ausspricht; für die übrigen vertragschließenden Länder bleibt die Übereinkunft wirksam.

Artikel 18.

Die gegenwärtige Akte soll ratifiziert, und die Ratifikationen sollen in Washington spätestens am 1. April 1913 hinterlegt werden. Sie tritt in den Ländern, welche sie ratifiziert haben, einen Monat nach Ablauf dieser Frist in Kraft.

Diese Akte mit ihrem Schlußprotokoll tritt in den Beziehungen zwischen den Ländern, die sie ratifiziert haben, an Stelle folgender Akte: Pariser Übereinkunft vom 20. März 1883, Schlußprotokoll dazu, Madrider Protokoll vom 15. April 1891, betreffend die Ausstattung des internationalen Bureaus, und Brüsseler Zusatzakte vom 14. Dezember 1900. Jedoch bleiben die angeführten Akte in den Beziehungen zu denjenigen Ländern in Kraft, welche die gegenwärtige Akte nicht ratifiziert haben.

Soweit die Ratifizierung eines revidierten Vertrages von seiten eines Staates nicht vorgenommen wird, gilt für diesen Staat der Vertrag in dem vorherigen Umfang, vgl. Bem. zu Art. 1.

Artikel 19.

Die gegenwärtige Akte wird in einem einzigen Exemplar unterzeichnet, das im Archiv der Regierung der Vereinigten Staaten hinterlegt werden wird. Eine beglaubigte Abschrift wird von dieser den Regierungen der Verbandsländer übermittelt werden.

Zu Urkund dessen haben die betreffenden Bevollmächtigten die gegenwärtige Akte unterzeichnet.

Geschehen zu Washington in einem einzigen Exemplar am 2. Juni 1911.

(*Folgen die Namen.*)

B. Madrider Abkommen vom 14. April 1891, betreffend die internationale Registrierung von Fabrik- und Handelsmarken, revidiert in Brüssel am 14. Dezember 1900 und in Washington am 2. Juni 1911.

1. Einleitung.

Das Madrider Abkommen ist im Jahre 1891 zunächst von einer kleineren Anzahl dem Hauptabkommen (Union) angehöriger Staaten abgeschlossen worden. Deutschland ist erst mit Wirkung vom 1. Dezember 1922 an beigetreten.

Vor dem Kriege hatten eine große Anzahl deutscher Reichsangehöriger ihre Warenzeichen durch ihre ausländischen Niederlassungen international eintragen lassen. Mit den Niederlassungen wurden im feindlichen Ausland auch die international eingetragenen Marken weggenommen. Die Besorgnis vor einer Wiederholung derartiger Schädigungen gab den Hauptanstoß dazu, die Bedenken, welche bis dahin dem Beitritt zum Madrider Abkommen entgegenstanden, fallen zu lassen.

Bis Ende des Jahres 1923 waren bereits 2134 deutsche Warenzeichen international eingetragen.

Der Zweck des Abkommens ist, den Verbandsangehörigen die Erlangung des Markenschutzes außerhalb des Heimatsstaates zu erleichtern.

Durch eine internationale Eintragung bei dem Internationalen Bureau in Bern zum Schutze des gewerblichen Eigentums wird der Markenschutz gleichzeitig in allen dem Verbande angehörigen Staaten erlangt. Der Schutz dauert zunächst 20 Jahre und kann dann jeweils um weitere 20 Jahre verlängert werden.

Eine Schutzdauerverlängerung in den einzelnen Staaten ist nicht erforderlich.

Dagegen ist die vorschriftsmäßig erfolgte Hinterlegung bzw. Eintragung des Zeichenschutzes im Heimatsstaate Vorbedingung, sowohl für die Erlangung als auch für den Fortbestand der internationalen Marke. Das Warenzeichen muß daher in der Heimat nach den daselbst geltenden Bestimmungen jeweils erneuert werden.

Der Schutz in den Verbandsstaaten entsteht jedoch nur vorbehaltlich der Rechte Dritter in jedem einzelnen Staate, d. h. wenn dieselbe oder eine mit ihr verwechslungsfähige Marke nicht dort bereits Schutz genießt.

Wenn ein weiterer Staat dem Verbande beitritt, so genießen die bereits eingetragenen internationalen Marken von dem Tage des Beitritts an ohne weiteres auch in diesem Staate unter denselben Bedingungen den Warenzeichenschutz.

2. Text des Madrider Abkommens.

Der Text ist ebenso wie der der Hauptübereinkunft in französischer Sprache abgefaßt.

a) Gesetz über den Beitritt des Reichs zu dem Madrider Abkommen über die internationale Registrierung von Fabrik- oder Handelsmarken vom 12. Juli 1922.

Der Reichstag hat das folgende Gesetz beschlossen, das mit Zustimmung des Reichsrats hiermit verkündet wird:

§ 1. Dem Beitritt des Reichs zu dem Madrider Abkommen vom 14. April 1891 über die internationale Registrierung von Fabrik- oder Handelsmarken, revidiert in Brüssel am 14. Dezember 1900 und in Washington am 2. Juni 1911, wird zugestimmt.

Das Abkommen wird nachstehend veröffentlicht.

§ 2. Der beim Reichspatentamt einzureichende Antrag auf internationale Registrierung (Artikel 1 des Abkommens) ist auch für solche Warenzeichen zulässig, die vor dem Beitritt des Reichs in die Rolle eingetragen worden sind.

Für jedes Zeichen ist außer der im Artikel 8 Satz 2 des Abkommens vorgesehenen internationalen Gebühr eine dem Reiche zufallende Gebühr von fünfhundert Mark an die Kasse des Reichspatentamts zu entrichten. Im Falle einer wesentlichen Änderung der wirtschaftlichen Verhältnisse kann die Reichsregierung mit Zustimmung des Reichsrats eine entsprechende Erhöhung oder Ermäßigung der letztgenannten Gebühr anordnen.

§ 3. Die international registrierten ausländischen Marken unterliegen nach Maßgabe der inneren deutschen Gesetze der Prüfung, ob ihnen der Warenzeichenschutz gewährt werden kann (Artikel 5 des Abkommens). Von der Prüfung sind jedoch die im Artikel 11 Abs. 2 des Abkommens bezeichneten Marken ausgenommen.

§ 4. Die zur Ausführung dieses Gesetzes erforderlichen Vorschriften erläßt die Reichsregierung.

§ 5. Der § 1 dieses Gesetzes tritt mit der Verkündung, im übrigen tritt das Gesetz mit dem Tage in Kraft, an dem nach einer im Reichsgesetzblatt enthaltenen Bekanntmachung der im § 1 vorgesehene Beitritt wirksam wird.

Freudenstadt, den 12. Juli 1922.

Der Reichspräsident.
Ebert.

Der Reichsminister der Justiz.
Dr. Radbruch.

b) Text des Abkommens.

Arrangement de Madrid du 14 avril 1891, pour l'Enregistrement International des Marques de Fabrique ou de Commerce, revisé à Bruxelles le 14 décembre 1900 et à Washington le 2 juin 1911.

Les Soussignés, dûment autorisés par leurs Gouvernements respectifs, ont, d'un commun accord, arrêté le texte suivant, qui remplacera l'Arrangement signé à Madrid le 14 avril 1891 et l'Acte additionnel signé à Bruxelles le 14 décembre 1900, savoir:

Article premier.

Les sujets ou citoyens de chacun des pays contractants pourront s'assurer, dans tous les autres pays, la protection de leurs marques de fabrique ou de commerce acceptées au dépôt dans le pays d'origine, moyennant le dépôt desdites marques au Bureau international, à Berne, fait par l'entremise de l'Administration dudit pays d'origine.

(Übersetzung.)

Madrider Abkommen vom 14. April 1891, betreffend die internationale Registrierung von Fabrik- und Handelsmarken, revidiert in Brüssel am 14. Dezember 1900 und in Washington am 2. Juni 1911.

Die Unterzeichneten haben auf Grund ordnungsmäßiger Vollmachten ihrer Regierungen in gemeinsamer Übereinstimmung die folgende Vertragsfassung festgestellt, die an die Stelle des zu Madrid am 14. April 1891 unterzeichneten Abkommens und der zu Brüssel am 14. Dezember 1900 unterzeichneten Zusatzakte treten soll:

Artikel 1.

Die Untertanen oder Bürger eines jeden der vertragschließenden Länder können sich den Schutz ihrer im Ursprungslande zur Hinterlegung zugelassenen Fabrik- oder Handelsmarken in allen übrigen vertragschließenden Ländern dadurch sichern, daß sie die Marken durch Vermittlung der Behörde des Ursprungslandes bei dem Internationalen Bureau in Bern hinterlegen.

Article 2.

Sont assimilés aux sujets ou citoyens des pays contractants les sujets ou citoyens des pays n'ayant pas adhéré au présent Arrangement qui, sur le territoire de l'Union restreinte constituée par ce dernier, satisfont aux conditions établies par l'article 3 de la Convention générale.

Artikel 2.

Den Untertanen oder Bürgern der vertragschließenden Länder werden gleichgestellt die Untertanen oder Bürger der dem gegenwärtigen Abkommen nicht beigetretenen Länder, die in dem Gebiete des durch dieses Abkommen begründeten engeren Verbandes den durch Artikel 3 der Hauptübereinkunft festgesetzten Anforderungen genügen.

Article 3.

Le Bureau international enregistrera immédiatement les marques déposées conformément à l'article premier. Il notifiera cet enregistrement aux diverses Administrations. Les marques enregistrées seront publiées dans une feuille périodique éditée par le Bureau international, au moyen des indications contenues dans la demande d'enregistrement et d'un cliché fourni par le déposant.

Si le déposant revendique la couleur à titre d'élément distinctif de sa marque, il sera tenu:

1° de le déclarer, et d'accompagner son dépôt d'une mention indiquant la couleur ou la combinaison de couleurs revendiquée;

2° de joindre à sa demande des exemplaires de ladite marque en couleur, qui seront annexés aux notifications faites par le Bureau international. Le nombre de ces exemplaires sera fixé par le Règlement d'exécution.

En vue de la publicité à donner, dans les pays contractants, aux marques enregistrées, chaque Administration recevra gratuitement du Bureau international le nombre d'exemplaires de la susdite publication qu'il lui plaira de demander. Cette publicité sera considérée dans tous les pays contractants comme pleinement suffisante, et aucune autre ne pourra être exigée du déposant.

Artikel 3.

Das Internationale Bureau trägt die gemäß Artikel 1 hinterlegten Marken ohne weiteres in ein Register ein. Es zeigt diese Registrierung den verschiedenen Behörden an. Die registrierten Marken werden in einem von dem Internationalen Bureau regelmäßig herausgegebenen Blatt unter Verwendung der in dem Registrierungsgesuch enthaltenen Angaben und eines vom Hinterleger gelieferten Druckstocks veröffentlicht.

Wenn der Hinterleger die Farbe als unterscheidendes Merkmal seiner Marke in Anspruch nimmt, so ist er verpflichtet:

1. es ausdrücklich zu erklären und seiner Anmeldung einen Vermerk beizufügen, der die in Anspruch genommene Farbe oder Farbenzusammenstellung angibt;

2. seinem Antrag farbige Darstellungen der Marke beizulegen, die den Anzeigen des Internationalen Bureaus beigefügt werden. Die Zahl dieser Darstellungen wird durch die Ausführungsordnung festgestellt.

Um die registrierten Marken in den vertragschließenden Ländern zur allgemeinen Kenntnis zu bringen, erhält jede Behörde von dem Internationalen Bureau unentgeltlich die von ihr gewünschte Anzahl von Stücken der obenerwähnten Veröffentlichung. Diese Bekanntgabe hat in allen vertragschließenden Ländern als in jeder Hinsicht ausreichend zu gelten; vom Hinterleger darf keine weitere gefordert werden.

Article 4.

A partir de l'enregistrement ainsi fait au Bureau international, la protection de la marque dans chacun des pays contractants sera la même que si cette marque y avait été directement déposée.

Toute marque enregistrée internationalement dans les quatre mois qui suivent la date du dépôt dans le pays d'origine, jouira du droit de priorité établi par l'article 4 de la Convention générale.

Article 4bis.

Lorsqu'une marque, déjà déposée dans un ou plusieurs des pays contractants, a été postérieurement enregistrée par le Bureau international au nom du même titulaire ou de son ayant cause, l'enregistrement international sera considéré comme substitué aux enregistrements nationaux antérieurs, sans préjudice des droits acquis par le fait de ces derniers.

Article 5.

Dans les pays où leur législation les y autorise, les Administrations auxquelles le Bureau international notifiera l'enregistrement d'une marque, auront la faculté de déclarer que la protection ne peut être accordée à cette marque sur leur territoire. Un tel refus ne pourra être opposé que dans les conditions qui s'appliqueraient, en vertu de la Convention générale, à une marque déposée à l'enregistrement national.

Elles devront exercer cette faculté dans le délai prévu par leur loi nationale, et, au plus tard, dans l'année de la notification prévue par l'article 3, en indiquant au Bureau international leurs motifs de refus.

Ladite déclaration, ainsi notifiée au Bureau international, sera

Artikel 4.

Von dem Zeitpunkt der hiernach im Internationalen Bureau vollzogenen Registrierung an ist die Marke in jedem der vertragschließenden Länder ebenso geschützt, wie wenn sie dort unmittelbar hinterlegt worden wäre.

Jede Marke, die innerhalb von vier Monaten seit dem Tage der Hinterlegung im Ursprungsland international registriert worden ist, genießt das durch Artikel 4 der Hauptübereinkunft festgesetzte Prioritätsrecht.

Artikel 4b.

Wenn eine in einem oder mehreren der vertragschließenden Länder bereits hinterlegte Marke später von dem Internationalen Bureau zugunsten desselben Inhabers oder seines Rechtsnachfolgers registriert worden ist, so tritt die internationale Registrierung an die Stelle der früheren nationalen Registrierungen, unbeschadet der durch letztere erworbenen Rechte.

Artikel 5.

Die Behörden, denen das Internationale Bureau die Registrierung einer Marke anzeigt, sind in den Ländern, deren Gesetze sie hierzu ermächtigt, zu der Erklärung befugt, daß dieser Marke der Schutz in ihrem Gebiete nicht gewährt werden kann. Eine solche Zurückweisung ist jedoch nur unter denjenigen Voraussetzungen zulässig, die auf Grund der Hauptübereinkunft bei einer zur nationalen Registrierung hinterlegten Marke Anwendung finden würden.

Von dieser Befugnis müssen sie binnen der von ihrem Heimatsgesetz vorgesehenen Frist, spätestens aber innerhalb eines Jahres nach der im Artikel 3 vorgesehenen Anzeige Gebrauch machen, wobei sie die Zurückweisungsgründe dem Internationalen Bureau anzugeben haben.

Die derart dem Internationalen Bureau bekanntgegebene Erklärung par lui transmise sans délai à l'Administration du pays d'origine et au propriétaire de la marque. L'intéressé aura les mêmes moyens de recours que si la marque avait été par lui directement déposée dans le pays où la protection est refusée.

Article 5bis.

Le Bureau international délivrera à toute personne qui en fera la demande, moyennant une taxe fixée par le Règlement d'exécution, une copie des mentions inscrites dans le Registre relativement à une marque déterminée.

Article 6.

La protection résultant de l'enregistrement au Bureau international durera 20 ans à partir de cet enregistrement, mais ne pourra être invoquée en faveur d'une marque qui ne jouirait plus de la protection légale dans le pays d'origine.

Article 7.

L'enregistrement pourra toujours être renouvelé suivant les prescriptions des articles 1 et 3.

Six mois avant l'expiration du terme de protection, le Bureau international donnera un avis officieux à l'Administration du pays d'origine et au propriétaire de la marque.

Article 8.

L'Administration du pays d'origine fixera à son gré, et percevra à son profit, une taxe qu'elle réclamera du propriétaire de la marque dont l'enregistrement international est demandé. A cette taxe s'ajoutera un émolument international de cent francs pour la première marque, et de cinquante francs pour chacune des marques suivantes, déposées en même temps par le même propriétaire. Le produit annuel de cette taxe sera réparti par parts égales entre les pays contractants par les

wird von ihm unverzüglich der Behörde des Ursprungslandes und dem Eigentümer der Marke übermittelt. Der Beteiligte hat dieselben Rechtsmittel, wie wenn die Marke von ihm unmittelbar in dem Lande hinterlegt worden wäre, in welchem der Schutz versagt worden ist.

Artikel 5b.

Das Internationale Bureau erteilt, auf Antrag jedem gegen eine Gebühr, die durch die Ausführungsordnung festgesetzt wird, eine Abschrift der mit Bezug auf eine bestimmte Marke in das Register eingetragenen Angaben.

Artikel 6.

Der durch die Registrierung bei dem Internationalen Bureau erlangte Schutz dauert zwanzig Jahre von dem Zeitpunkte dieser Registrierung an; er kann jedoch nicht für eine Marke in Anspruch genommen werden, die in dem Ursprungslande keinen gesetzlichen Schutz mehr genießt.

Artikel 7.

Die Registrierung kann nach Maßgabe der Vorschriften der Artikel 1 und 3 jederzeit erneuert werden.

Sechs Monate vor Ablauf der Schutzzeit weist das Internationale Bureau die Behörde des Ursprungslandes und den Eigentümer der Marke auf den Fristablauf hin.

Artikel 8.

Die Behörde des Ursprungslandes kann nach ihrem Ermessen eine Gebühr festsetzen und zu ihren Gunsten von dem Eigentümer der Marke, deren internationale Registrierung beantragt wird, erheben. Zu dieser Gebühr tritt eine internationale Abgabe von hundert Franken für die erste Marke und von je fünfzig Franken für alle weiteren von demselben Anmelder gleichzeitig hinterlegten Marken. Das Jahresertrāgnis dieser Gebühr wird, nach Abzug der durch die Ausführung dieses Absoins du Bureau international, après déduction des frais communs nécessités par l'exécution de cet Arrangement.

Article 8 bis.

Le propriétaire d'une marque internationale peut toujours renoncer à la protection dans un ou plusieurs des pays contractants, au moyen d'une déclaration remise à l'Administration du pays d'origine de la marque, pour être communiquée au Bureau international, qui la notifiera aux pays que cette renonciation concerne.

Article 9.

L'Administration du pays d'origine notifiera au Bureau international les annulations, radiations, renonciations, transmissions et autres changements qui se produiront dans la propriété de la marque.

Le Bureau international enregistrera ces changements, les notifiera aux Administrations des pays contractants, et les publiera aussitôt dans son journal.

On procédera de même lorsque le propriétaire de la marque demandera à réduire la liste des produits auxquels elle s'applique.

L'addition ultérieure d'un nouveau produit à la liste ne peut être obtenue que par un nouveau dépôt effectué conformément aux prescriptions de l'article 3. A l'addition est assimilée la substitution d'un produit à un autre.

Article 9 bis.

Lorsqu'une marque inscrite dans le registre international sera transmise à une personne établie dans un pays contractant autre que le pays d'origine de la marque, la transmission sera notifiée au Bureau

kommens verursachten gemeinsamen Kosten, zu gleichen Teilen unter die vertragschließenden Länder durch das Internationale Bureau verteilt.

Artikel 8 b.

Der Eigentümer einer internationalen Marke kann jederzeit durch eine an die Behörde des Ursprungslandes gerichtete Erklärung auf den Schutz in einem oder in mehreren der vertragschließenden Länder verzichten; die Erklärung wird dem Internationalen Bureau mitgeteilt und von diesem den durch den Verzicht betroffenen Ländern bekanntgegeben.

Artikel 9.

Die Behörde des Ursprungslandes teilt dem Internationalen Bureau die Nichtigkeitserklärungen, Löschungen, Verzichtleistungen, Übertragungen und anderen Veränderungen mit, die in bezug auf das Eigentumsrecht an der Marke eintreten.

Das Internationale Bureau trägt diese Veränderungen in das Register ein, zeigt sie den Behörden der vertragschließenden Länder an und veröffentlicht sie sogleich in seinem Blatte.

Das gleiche Verfahren greift Platz, wenn der Eigentümer der Marke den Antrag stellt, die Liste der Erzeugnisse zu verkürzen, für welche die Marke Anwendung findet.

Die nachträgliche Hinzufügung eines neuen Erzeugnisses zu der Liste kann nur durch eine neue, gemäß den Vorschriften des Artikel 3 bewirkte Hinterlegung erlangt werden. Der Hinzufügung steht der Ersatz eines Erzeugnisses durch ein anderes gleich.

Artikel 9 b.

Wenn eine im internationalen Register eingetragene Marke auf eine Person übertragen wird, die in einem anderen vertragschließenden Lande als dem Ursprungslande der Marke ansässig ist, so ist die Überinternational par l'Administration de ce même pays d'origine. Le Bureau international enregistrera la transmission et, après avoir reçu l'assentiment de l'Administration à laquelle ressortit le nouveau titulaire, il la notifiera aux autres Administrations et la publiera dans son journal.

La présente disposition n'a point pour effet de modifier les législations des pays contractants qui prohibent la transmission de la marque sans la cession simultanée de l'établissement industriel ou commercial dont elle distingue les produits.

Nulle transmission de marque inscrite dans le Registre international, faite au profit d'une personne non établie dans l'un des pays contractants, ne sera enregistrée.

Article 10.

Les Administrations régleront d'un commun accord les détails relatifs à l'exécution du présent Arrangement.

Article 11.

Les pays de l'Union pour la protection de la propriété industrielle qui n'ont pas pris part au présent Arrangement seront admis à y adhérer sur leur demande, et dans la forme prescrite par la Convention générale.

Dès que le Bureau international sera informé qu'un pays ou une de ses colonies a adhéré au présent Arrangement, il adressera à l'Administration de ce pays, conformément à l'article 3, une notification collective des marques qui, à ce moment, jouissent de la protection internationale.

Cette notification assurera, par elle-même, auxdites marques le bénéfice des précédentes disposi-

tragung durch die Behörde dieses Ursprungslandes dem Internationalen Bureau anzuzeigen. Das Internationale Bureau trägt die Übertragung in das Register ein, zeigt sie, sobald die Zustimmung der für den neuen Markeninhaber zuständigen Behörde eingegangen ist, den anderen Behörden an und veröffentlicht sie in seinem Blatte.

Die vorstehende Bestimmung berührt in keiner Weise die in den vertragschließenden Ländern geltenden Gesetze, durch welche die Übertragung einer Marke ohne gleichzeitige Übertragung des Gewerbe- oder Handelsunternehmens, dessen Erzeugnisse durch die Marke gekennzeichnet werden, verboten wird.

Die Übertragung einer im internationalen Register eingetragenen Marke auf eine Person, die in keinem der vertragschließenden Länder ansässig ist, wird in das Register nicht eingetragen.

Artikel 10.

Die Behörden werden die Einzelheiten wegen der Ausführung des gegenwärtigen Abkommens gemeinschaftlich ordnen.

Artikel 11.

Die dem Verbande zum Schutze des gewerblichen Eigentums angehörenden Länder, die an dem gegenwärtigen Abkommen nicht teilgenommen haben, werden auf ihren Antrag und in der durch die Hauptübereinkunft vorgeschriebenen Form zum Beitritt zugelassen.

Sobald das Internationale Bureau von dem Beitritt eines Landes oder einer seiner Kolonien zu dem vorliegenden Abkommen in Kenntnis gesetzt worden ist, sendet es der Behörde dieses Landes gemäß Artikel 3 eine Sammelanzeige über diejenigen Marken, die zu diesem Zeitpunkt den internationalen Schutz genießen.

Diese Anzeige sichert von selbst den bezeichneten Marken die Vorteile der vorangehenden Bestimtions sur le territoire du pays adhérent, et fera courir le délai d'un an pendant lequel l'Administration interessée peut faire la déclaration prévue par l'article 5.

mungen in dem Gebiete des beitretenden Landes und setzt die Jahresfrist in Lauf, während welcher die beteiligte Behörde die im Artikel 5 vorgesehene Erklärung abgeben kann.

Article 12.

Le présent Arrangement sera ratifié, et les ratifications en seront déposées à Washington au plus tard le 1er avril 1913.

Il entrera en vigueur un mois à partir de l'expiration de ce délai, et aura la même force et durée que la Convention générale.

En foi de quoi, les Plénipotentiaires respectifs ont signé le présent Arrangement.

Fait à Washington, en un seul exemplaire, le deux juin 1911.

Artikel 12.

Das gegenwärtige Abkommen soll ratifiziert und die Ratifikationsurkunden sollen in Washington spätestens am 1. April 1913 hinterlegt werden.

Es tritt einen Monat nach Ablauf dieser Frist in Kraft und soll dieselbe Geltung und Dauer haben wie die Hauptübereinkunft.

Zu Urkund dessen haben die Bevollmächtigten das gegenwärtige Abkommen unterzeichnet.

So geschehen zu Washington, in einem einzigen Exemplar, am zweiten Juni 1911.

(Folgen die Unterschriften.)

Reichsgesetzbl., Teil II, Nr. 17, S. 669 ff. (ausgegeben zu Berlin, den 22. Juli 1922).

c) Ausführungsordnung zum Abkommen.

Règlement pour l'exécution de l'Arrangement concernant l'Enregistrement International des Marques de Fabrique ou de Commerce, revisé à Washington le 2 juin 1911.

Article premier.

Toute demande tendant à obtenir l'enregistrement international d'une marque de fabrique ou de commerce en vertu de l'Arrangement du 14 avril 1891 revisé, devra être adressée par le propriétaire de la marque à l'Administration du pays d'origine en la forme que cette dernière pourra prescrire.

Article 2.

Lorsque la marque sera régulièrement enregistrée dans le pays d'origine, l'Administration de ce pays adressera au Bureau international de la Propriété industrielle, à Berne:

Ausführungsordnung zum Abkommen, betr. die internationale Registrierung von Fabrik- oder Handelsmarken, revidiert zu Washington, den 2. Juni 1911.

Artikel 1.

Jeder Antrag auf internationale Registrierung einer Fabrik- oder Handelsmarke gemäß dem revidierten Abkommen vom 14. April 1891 ist von dem Eigentümer der Marke an die Behörde des Ursprungslandes in der von dieser vorgeschriebenen Form zu richten.

Artikel 2.

Sobald die Marke im Ursprungslande vorschriftsmäßig registriert worden ist, übersendet die Behörde dieses Landes dem Internationalen Bureau für das gewerbliche Eigentum in Bern:

A. Une demande d'enregistrement, en double exemplaire, rédigée en langue française, portant une représentation de la marque et indiquant:

1° le nom du propriétaire de la marque;

2° son adresse;

3° les produits ou marchandises auxquels la marque est destinée;

4° la date d'enregistrement de la marque dans le pays d'origine et son numéro d'ordre.

B. Un cliché de la marque, pour la reproduction typographique de cette dernière dans la publication qui en sera faite par le Bureau international. Ce cliché doit reproduire exactement la marque, de manière que tous les détails en ressortent visiblement; il ne doit pas avoir moins de 15 millimètres ni plus de 10 centimètres, soit en longueur, soit en largeur. L'épaisseur exacte du cliché doit être de 24 millimètres, correspondant à la hauteur des caractères d'imprimerie. Ce cliché sera, deux ans après sa publication, retourné au propriétaire de la marque, à ses frais, s'il en a fait la demande. Tout cliché non réclamé à la fin de la troisième année pourra être détruit.

Le Bureau insérera dans le formulaire remis au déposant une mention prévoyant cette remise et indiquant si le propriétaire désire rentrer en possession de son cliché.

C. Si le déposant revendique la couleur à titre d'élément distinctif de sa marque:

Quarante exemplaires sur papier, d'une reproduction en couleur de la marque. Si cette marque comporte plusieurs parties séparées, elles devront être réunies et collées, pour chacun des 40 spécimens, sur une feuille de papier fort.

Dans ce même cas, la demande devra porter une brève mention, en langue française, indiquant la cou-

A. ein Gesuch um Registrierung in zwei Stücken; das Gesuch ist in französischer Sprache abzufassen und hat eine Darstellung der Marke sowie folgende Angaben zu enthalten:

1. den Namen des Eigentümers der Marke,

2. seine Anschrift,

3. die Erzeugnisse oder Waren, für welche die Marke bestimmt ist,

4. den Tag der Registrierung der Marke im Ursprungsland und ihre Ordnungsnummer.

B. einen Druckstock der Marke für den Abdruck in der von dem Internationalen Bureau zu veranlassenden Veröffentlichung der Marke. Der Druckstock muß die Marke genau wiedergeben, so daß alle ihre Einzelheiten daraus sichtbar hervortreten; er soll nicht weniger als 15 Millimeter und nicht mehr als 10 Zentimeter lang und breit sein. Die genaue Druckhöhe des Druckstocks soll 24 Millimeter betragen, entsprechend der Höhe der Drucklettern. Der Druckstock wird zwei Jahre nach seiner Veröffentlichung dem Eigentümer der Marke auf seine Kosten zurückgesandt, sofern er es beantragt hat. Jeder am Ende des dritten Jahres nicht zurückgeforderte Druckstock kann vernichtet werden.

Das Büreau rückt in das dem Hinterleger zugehende Formular einen Vermerk ein, der auf die Rückgabe hinweist und angibt, ob der Eigentümer wieder in den Besitz seines Druckstocks zu kommen wünscht.

C. wenn der Hinterleger die Farbe als unterscheidendes Merkmal seiner Marke in Anspruch nimmt:

Vierzig farbige Darstellungen der Marke auf Papier. Besteht die Marke aus mehreren getrennten Teilen, so müssen sie bei jedem einzelnen der 40 Stücke auf einem Blatte von steifem Papier zusammengesetzt und aufgeklebt sein.

In diesem Falle muß das Gesuch einen kurzen Vermerk in französischer Sprache enthalten, der die in leur ou la combinaison de couleurs revendiquée.

Au cas où l'une ou l'autre des conditions relatives à la couleur ne serait pas remplie, le Bureau international procédera à l'enregistrement de la marque et à sa notification sans tenir compte de la couleur.

D. Le montant de l'émolument international adressé par un mandat postal ou par un autre mode d'envoi, en indiquant le nom et l'adresse du propriétaire de la marque.

La demande d'enregistrement sera établie sur un formulaire fourni gratuitement aux Administrations par le Bureau international.

Anspruch genommene Farbe oder Farbenzusammenstellung angibt.

Falls die eine oder die andere Anforderung in Ansehung der Farbe nicht erfüllt ist, schreitet das Internationale Bureau zu der Registrierung der Marke und zu ihrer Anzeige, ohne auf die Farbe Rücksicht zu nehmen.

D. den Betrag der internationalen Abgabe, die durch Postanweisung oder auf irgendeinem anderen Wege unter Angabe des Namens und der Anschrift des Eigentümers der Marke zu zahlen ist.

Für das Registrierungsgesuch ist ein Vordruck zu benutzen, der den Behörden von dem Internationalen Bureau unentgeltlich geliefert wird.

Article 3.

Le Bureau international procédera sans retard à l'inscription de la marque dans un registre qui contiendra les indications suivantes:

1° le numéro d'ordre de la marque;

2° le nom du propriétaire de la marque;

3° son adresse;

4° les produits ou marchandises auxquels la marque est appliquée;

5° le pays d'origine de la marque;

6° la date de l'enregistrement et le numéro d'ordre dans le pays d'origine;

7° les mentions relatives à la situation de la marque telles que: refus de protection, limitations, transmissions, renonciations, radiations, etc.;

8° la date de l'enregistrement au Bureau international;

9° la date de la notification aux Administrations contractantes.

Artikel 3.

Das Internationale Bureau schreitet unverzüglich zur Eintragung der Marke in ein Register, das nachstehende Angaben enthält:

1. die Ordnungsnummer der Marke,

2. den Namen des Eigentümers der Marke,

3. seine Anschrift,

4. die Erzeugnisse oder Waren, für welche die Marke verwendet wird,

5. das Ursprungsland der Marke,

6. den Tag der Registrierung und die Ordnungsnummer im Ursprungslande,

7. die Vermerke über die Rechtslage der Marke; z. B. Versagung des Schutzes, Beschränkungen, Übertragungen, Verzichtleistungen, Löschungen usw.,

8. den Tag der Registrierung bei dem Internationalen Bureau,

9. das Datum der Anzeige an die Behörden der vertragschließenden Länder.

Article 4.

L'inscription une fois faite dans le registre, le Bureau international certifiera sur les deux exemplaires de la demande que l'enregistrement a eu lieu, et les revêtira tous deux

Artikel 4.

Nach erfolgter Eintragung im Register bescheinigt das Internationale Bureau auf den beiden Stücken des Gesuchs, daß die Registrierung stattgefunden hat, und versieht de sa signature et de son timbre. Un de ces exemplaires restera dans les archives du Bureau; l'autre sera renvoyé à l'Administration du pays d'origine.

En outre, le Bureau international notifiera aux Administrations l'enregistrement opéré, en envoyant à chacune d'elles une reproduction typographique de la marque et en leur indiquant:

1° la date et le numéro d'ordre de l'enregistrement international;

2° le nom et l'adresse du déposant;

3° les produits ou marchandises auxquels la marque est destinée;

4° le pays d'origine de la marque, ainsi que sa date d'enregistrement et son numéro d'ordre dans ledit pays.

Dans le cas prévu par l'article 2, lettre C, la susdite notification mentionnera, en outre, le dépôt en couleur, et sera accompagnée d'un exemplaire de la reproduction en couleur de la marque.

beide mit seiner Unterschrift und mit seinem Amtssiegel. Das eine Stück bleibt im Archiv des Bureaus, das andere wird der Behörde des Ursprungslandes zurückgeschickt.

Außerdem gibt das Internationale Burean den Behörden die erfolgte Registrierung bekannt, indem es einer jeden von ihnen einen Abdruck der Marke übersendet und ihnen mitteilt:

1. den Tag und die Ordnungsnummer der internationalen Registrierung,

2. den Namen und die Anschrift des Hinterlegers,

3. die Erzeugnisse oder Waren, für welche die Marke bestimmt ist,

4. das Ursprungsland der Marke sowie den Tag ihrer Registrierung und ihre Ordnungsnummer in diesem Lande.

In dem im Art. 2 zu C vorgesehenen Falle wird in der Anzeige außerdem auf die Hinterlegung in Farben hingewiesen und eine farbige Darstellung der Marke beigefügt.

Article 5.

Le Bureau international publiera ensuite la marque dans une feuille périodique. Cette publication consistera dans la reproduction de la marque, accompagnée des indications mentionnées à l'article 4, alinéa 2, et, le cas échéant, de la mention prévue sous la lettre C de l'article 2.

Chaque Administration recevra gratuitement du Bureau international le nombre d'exemplaires qu'il lui conviendra de demander de la publication relative à l'enregistrement international.

Au commencement de chaque année, le Bureau international fera paraître une table où seront indiqués, par ordre alphabétique, et par pays contractant, les noms des propriétaires des marques ayant fait l'objet des publications effectuées dans le cours de l'année précédente.

Artikel 5.

Das Internationale Bureau veröffentlicht hierauf die Marke in einem regelmäßig erscheinenden Blatte. Diese Veröffentlichung besteht in der Wiedergabe der Marke und bringt daneben die im Art. 4 Abs. 2 und gegebenenfalls die im Art. 2 zu C bezeichneten Angaben.

Jede Behörde erhält durch das Internationale Bureau unentgeltlich die die internationale Registrierung betreffende Veröffentlichung in der von ihr gewünschten Anzahl von Stücken.

Zu Beginn eines jeden Jahres veröffentlicht das Internationale Bureau eine alphabetisch und nach den vertragschließenden Ländern geordnete Übersicht der Namen der Eigentümer der im Vorjahr veröffentlichten Marken.

Article 6.

La notification de refus prévue par l'article 5 de l'Arrangement sera transmise au Bureau international en trois expéditions identiques, destinées: l'une au Bureau précité, l'autre à l'Administration du pays d'origine, la troisième au propriétaire de la marque.

Si le refus est motivé par l'existence d'un dépôt antérieur, ces notifications devront indiquer la marque avec laquelle il y a collision, en spécifiant: le nom et le domicile de son propriétaire; sa date d'enregistrement et son numéro d'ordre. Un fac-similé sera joint à la notification, si cela est possible.

Artikel 6.

Die im Art. 5 des Abkommens vorgesehene Anzeige von der Versagung des Schutzes wird dem Internationalen Bureau in drei gleichlautenden Ausfertigungen übermittelt, von denen die eine für das vorerwähnte Bureau, die zweite für die Behörde des Ursprungslandes, die dritte für den Eigentümer der Marke bestimmt ist.

Wird die Versagung mit dem Vorhandensein einer früheren Hinterlegung begründet, so hat die Anzeige die Marke anzugeben, mit der Kollision besteht, unter Bezeichnung des Namens und des Wohnsitzes ihres Eigentümers, des Tages ihrer Registrierung und ihrer Ordnungsnummer. Eine Darstellung ist womöglich der Anzeige beizufügen.

Article 6bis.

La taxe prévue par l'article 5bis de l'Arrangement pour les copies ou extraits du registre, est fixée à deux francs par copie ou extrait.

Lorsque les mentions relatives à plusieurs marques pourront être réunies sur la même feuille, la taxe sera réduite à un franc pour chacune des marques en plus de la première.

Tout extrait, certificat ou recherche demandés au Bureau international, en outre des documents dont la délivrance est obligatoire, donnera lieu à la perception d'une taxe analogue.

Artikel 6b.

Die im Art. 5b des Abkommens vorgesehene Gebühr für Abschriften oder Auszüge aus dem Register wird auf zwei Franken für jede Abschrift oder jeden Auszug festgesetzt.

Sofern sich die auf mehrere Marken bezüglichen Angaben auf demselben Blatte vereinigen lassen, so ermäßigt sich die Gebühr auf einen Franken für die zweite und jede folgende Marke.

Abgesehen von den Urkunden, zu deren Ausstellung eine Verpflichtung besteht, wird für jeden bei dem Internationalen Bureau nachgesuchten Auszug, für jede Bescheinigung oder Nachforschung eine entsprechende Gebühr erhoben.

Article 7.

Les changements survenus dans la propriété d'une marque, et qui auront fait l'objet de la notification prévue par les articles 9 et 9bis de l'Arrangement, seront consignés dans le registre du Bureau international, sauf dans le cas où, aux termes du troisième alinéa de ce dernier article, la transmission ne pourra être enregistrée. Le Bureau international notifiera à son tour

Artikel 7.

Die in den Eigentumsverhältnissen eingetretenen Veränderungen, die den Gegenstand einer in den Art. 9 und 9b des Abkommens vorgesehenen Anzeige gebildet haben, werden im Register des Internationalen Büros verzeichnet, es sei denn, daß gemäß dem dritten Absatz des letztgenannten Artikels die Übertragung nicht registriert werden kann. Das Internationale Bureau aux Administrations contractantes les changements enregistrés et les publiera dans son journal, en tenant compte des dispositions du premier alinéa de l'article 9 bis de l'Arrangement, quand le nouveau propriétaire sera établi dans un État contractant autre que le pays d'origine de la marque.

gibt seinerseits die eingetragenen Veränderungen den Behörden der vertragschließenden Länder bekannt und veröffentlicht sie in seinem Blatte, wobei den Bestimmungen des Art. 9b Abs. 1 des Abkommens für den Fall Rechnung zu tragen ist, daß der neue Eigentümer in einem anderen vertragschließenden Lande als dem Ursprungslande der Marke ansässig ist.

Article 8.

Le renouvellement du dépôt international donnera lieu aux mêmes opérations que le dépôt primitif.

L'avis officieux prévu par l'article 7 de l'Arrangement doit être expédié par le Bureau international dans le cours des six premiers mois de la dernière année de la durée de la protection.

Artikel 8.

Die Erneuerung der internationalen Hinterlegung erfolgt in derselben Weise wie die ursprüngliche Hinterlegung.

Der im Art. 7 des Abkommens vorgesehene Hinweis ist vom Internationalen Bureau im Laufe der ersten sechs Monate des letzten Jahres der Schutzfrist abzusenden.

Article 9.

Au commencement de chaque année le Bureau international établira le compte des dépenses faites au cours de l'année précédente pour le service de l'enregistrement international; le montant de ce compte sera déduit du total des recettes, et l'excédent de celles-ci sera réparti par parts égales entre tous les pays contractants.

Artikel 9.

Zu Beginn eines jeden Jahres stellt das Internationale Bureau eine Rechnung über die im Laufe des vorangegangenen Jahres für den Dienst der internationalen Registrierung gemachten Ausgaben auf; der so berechnete Betrag wird von der Gesamtsumme der Einnahmen abgezogen und der Überschuß zu gleichen Teilen unter alle vertragschließenden Länder verteilt.

Article 10.

La notification collective prescrite par l'article 11 de l'Arrangement contiendra les mêmes indications que les notifications prévues par les articles 4 et 7 du présent règlement.

Artikel 10.

Die durch Art. 11 des Abkommens vorgeschriebene Sammelanzeige umfaßt dieselben Angaben wie die in den Art. 4 und 7 der vorliegenden Ausführungsordnung vorgesehenen Mitteilungen.

Article 11.

Le présent règlement entrera en vigueur en même temps que l'Arrangement auquel il se rapporte et il aura la même durée.

Les Administrations contractantes pouront toujours y apporter,

Artikel 11.

Die gegenwärtige Ausführungsordnung tritt gleichzeitig mit dem Abkommen, auf das sie sich bezieht, in Kraft und soll die gleiche Dauer haben.

Die vertragschließenden Behörden können daran jederzeit in gegend'un commun accord, conformément aux dispositions de l'article 10 dudit Arrangement, les modifications qui leur paraîtront nécessaires.

seitigem Einverständnis, entsprechend den Bestimmungen des Art. 10 des Abkommens, die ihnen notwendig erscheinenden Abänderungen vornehmen.

d) Verordnung über die internationale Registrierung von Fabrik- oder Handelsmarken vom 9. November 1922.

Auf Grund des § 4 des Gesetzes über den Beitritt des Reichs zu dem Madrider Abkommen über die internationale Registrierung von Fabrik- oder Handelsmarken vom 12. Juli 1922 (RGBl. II S. 669) wird hierdurch bestimmt:

§ 1. Die Vorschriften über den Geschäftsgang und das Verfahren in Warenzeichensachen sind in Angelegenheiten der internationalen Markenregistrierung sinngemäß anzuwenden, soweit in dieser Verordnung nichts anderes bestimmt ist.

§ 2. Für die Anträge auf internationale Registrierung von Warenzeichen wird in dem Reichspatentamt eine besondere Stelle errichtet, welche die Bezeichnung „Markenstelle" führt. Die Leitung dieser Stelle liegt einem von dem Präsidenten bezeichneten Mitglied ob.

Die Markenstelle bearbeitet auch die sonstigen auf die internationale Markenregistrierung bezüglichen Angelegenheiten, soweit nicht die Zuständigkeit anderer Stellen gesetzlich begründet ist.

Rechtsmittel gegen Bescheide der Markenstelle finden nicht statt. Über Beschwerden befindet der Präsident.

§ 3. Wer bei dem Reichspatentamt die internationale Registrierung seines Zeichens beantragt, hat glaubhaft zu machen, daß die internationale Abgabe (Artikel 8 des Abkommens) an das Internationale Bureau in Bern abgeführt ist. Die Zahlung dieser Abgabe an die Kasse des Reichspatentamts ist unwirksam.

Die Reichsgebühr (§ 2 Abs. 2 des Gesetzes) ist mit dem Antrag zu entrichten. Ist jedoch das Warenzeichen bei Einreichung des Antrags noch nicht in der Rolle eingetragen, so wird die Gebühr erst mit der Eintragung fällig.

§ 4. Tag und Nummer der internationalen Registrierung sind in der Zeichenrolle zu vermerken. Der Vermerk wird nicht veröffentlicht.

§ 5. Wird die Erneuerung der internationalen Registrierung bei dem Reichspatentamt beantragt, so ist die Reichsgebühr erneut zu zahlen. Die erneute Entrichtung der internationalen Abgabe ist glaubhaft zu machen.

§ 6. Der Verzicht des Berechtigten auf den internationalen Schutz in einem oder in mehreren der Verbandsländer wird in die Zeichenrolle nicht eingetragen.

§ 7. Die internationale Registrierung einer ausländischen Marke hat die gleiche Wirkung, wie wenn die Marke für die dabei angegebenen Waren zur Eintragung in die Zeichenrolle angemeldet und eingetragen worden wäre. Die Wirkung tritt für die vor dem 1. Dezember 1922 international registrierten Marken mit dem Tage der Sammelanzeige (Artikel 11 des Abkommens), frühestens aber mit dem genannten Kalendertage, für die später registrierten Marken mit dem Tage der Registrierung ein. Die Wirkung entfällt und gilt als niemals eingetreten, wenn und soweit der Marke der Warenzeichenschutz versagt wird.

In die Zeichenrolle werden die Marken nicht eingetragen.

§ 8. Der durch die Vermittelung des internationalen Bureaus erworbene Warenzeichenschutz kann weiterhin nur durch einen im Inland bestellten Vertreter geltend gemacht werden. Es kann jedoch, wenn ein Vertreter nicht bestellt ist, bei der Prüfung der Marke (§ 3 des Gesetzes) eine Erklärung, durch die das gegen die Gewährung des Zeichenschutzes erhobene Bedenken entkräftet wird, zugelassen werden.

Die Gewährung des Schutzes soll nicht deswegen beanstandet werden, weil die Bezeichnung des Geschäftsbetriebes fehlt.

§ 9. Die im Artikel 9b Abs. 1 des Abkommens vorgesehene Zustimmung wird dem Internationalen Bureau nur erklärt, wenn und soweit die Marke von dem neuen Inhaber bei dem Reichspatentamt angemeldet und in die Zeichenrolle eingetragen worden ist.

§ 10. Werden die Vorschriften im § 8 Abs. 2 Nr. 2, Abs. 3 [Artikel IV Nr. 4 des Gesetzes vom 27. Juni 1922, RGBl. II S. 616[1])] und im § 9 Abs. 1, 3, 4, 5 des Gesetzes zum Schutze der Warenbezeichnungen vom 12. Mai 1894 (RGBl. S. 441) gegen eine international registrierte, ausländische Marke in Anwendung gebracht, so tritt an die Stelle der Löschung die Entziehung des Schutzes.

Berlin, den 9. November 1922.

Der Reichsminister der Justiz.
Dr. Radbruch.

RGBl. II Nr. 31 S. 778.

e) Bekanntmachung über die internationale Registrierung von Fabrik- oder Handelsmarken vom 9. November 1922.

Unter Bezugnahme auf die §§ 1, 5 des Gesetzes über den Beitritt des Reichs zu dem Madrider Abkommen über die internationale Registrierung von Fabrik- oder Handelsmarken vom 12. Juli 1922 (RGBl. II S. 669) wird hierdurch bekanntgemacht, daß der Beitritt des Reichs zu dem genannten Abkommen der Schweizerischen Regierung am 19. Oktober 1922 angezeigt worden ist und mit dem 1. Dezember 1922 wirksam wird.

Berlin, den 9. November 1922.

Der Reichsminister der Justiz.
Dr. Radbruch.

RGBl. II Nr. 31 S. 779.

3. Dem Verband angehörende Staaten.

Dem Madrider Abkommen gehören zur Zeit folgende Staaten an:

Belgien
Brasilien
Danzig (freie Stadt)
Deutsches Reich
Frankreich und Algerien nebst Kolonien
Italien
Kuba
Luxemburg
Marokko (mit Ausnahme der spanischen Zone)
Mexiko
Niederlande nebst Niederländisch-Indien, Surinam und Curaçao
Österreich

[1]) Siehe oben S. 76 Nr. 100.

Portugal nebst Azoren und Madeira
Rumänien
Schweiz
Serbien-Kroatien-Slowenien
Spanien
Tschechoslowakei
Tunis
Ungarn.

4. Erläuterungen.

Artikel 1.

Die Untertanen oder Bürger eines jeden der vertragschließenden Länder können sich den Schutz ihrer im Ursprungslande zur Hinterlegung zugelassenen Fabrik- oder Handelsmarken in allen übrigen vertragschließenden Ländern dadurch sichern, daß sie die Marken durch Vermittlung der Behörde des Ursprungslandes bei dem Internationalen Bureau in Bern hinterlegen.

Voraussetzung für die internationale Eintragung ist die zugelassene Hinterlegung im Ursprungslande. In Ländern mit Prüfung vor der Eintragung, wie in Deutschland, ist die erfolgte Eintragung des Warenzeichens Voraussetzung.

Als Ursprungsland ist gemäß Art. 6 Abs. 3, 4 der Hauptübereinkunft das Land anzusehen, in dem der Hinterleger (Anmelder) seine Hauptniederlassung hat, oder, falls diese nicht im Gebiete des engeren Verbandes liegt, das Land, dem der Hinterleger angehört.

Die internationale Hinterlegung in Bern kann nur durch die Behörde des Ursprungslandes bewirkt werden, an welche ein entsprechender Antrag gerichtet werden muß.

Zuständig ist die Behörde, welche das Warenzeichenregister führt, in Deutschland das Reichs-Patentamt.

Artikel 2.

Den Untertanen oder Bürgern der vertragschließenden Länder werden gleichgestellt die Untertanen oder Bürger der dem gegenwärtigen Abkommen nicht beigetretenen Länder, die in dem Gebiete des durch dieses Abkommen begründeten engeren Verbandes den durch Artikel 3 der Hauptübereinkunft festgesetzten Anforderungen genügen.

Art. 3 der Hauptübereinkunft siehe S. 29ff.

Artikel 3.

Das Internationale Bureau trägt die gemäß Artikel 1 hinterlegten Marken ohne weiteres in ein Register ein. Es zeigt diese Registrierung den verschiedenen Behörden an. Die registrierten Marken werden in einem von dem Internationalen Bureau regelmäßig herausgegebenen Blatt unter Verwendung der in dem Registrierungsgesuch enthaltenen Angaben und eines vom Hinterleger gelieferten Druckstocks veröffentlicht.

Wenn der Hinterleger die Farbe als unterscheidendes Merkmal seiner Marke in Anspruch nimmt, so ist er verpflichtet:

1. es ausdrücklich zu erklären und seiner Anmeldung einen Vermerk beizufügen, der die in Anspruch genommene Farbe oder Farbenzusammenstellung angibt;

2. seinem Antrag farbige Darstellungen der Marke beizulegen, die den Anzeigen des Internationalen Bureaus beigefügt werden. Die Zahl dieser Darstellungen wird durch die Ausführungsordnung festgestellt.

Um die registrierten Marken in den vertragschließenden Ländern zur allgemeinen Kenntnis zu bringen, erhält jede Behörde von dem Internationalen Bureau unentgeltlich die von ihr gewünschte Anzahl von Stücken der obenerwähnten Veröffentlichung. Diese Bekanntgabe hat in allen vertragschließenden Ländern als in jeder Hinsicht ausreichend zu gelten; vom Hinterleger darf keine weitere gefordert werden.

Das vom Internationalen Bureau in Bern regelmäßig herausgegebene Blatt heißt „Les marques internationales". Es wird in Deutschland dem amtlich herausgegebenen „Warenzeichen-Blatt" beigegeben.

In fast allen dem Abkommen angehörigen Ländern, ebenso in Deutschland, werden die internationalen Marken nicht in die nationalen Warenzeichenregister eingetragen.

Das Internationale Bureau in Bern stellt auf Verlangen Abschriften der eingetragenen Marken aus.

Das Reichs-Patentamt hat eine Sammlung der letzten 20 Jahrgänge des Blattes „Les marques internationales" und eine alphabetisch geordnete Kartothek der international eingetragenen Marken angelegt, aus welcher Auskunft über die bereits eingetragenen Marken erhalten werden kann.

Über die erfolgte Eintragung stellt das Internationale Bureau in Bern eine Urkunde aus, welche dem Markeninhaber durch die Behörde seines Landes zugestellt wird.

Artikel 4.

Von dem Zeitpunkt der hiernach im Internationalen Bureau vollzogenen Registrierung an ist die Marke in jedem der vertragschließenden Länder ebenso geschützt, wie wenn sie dort unmittelbar hinterlegt worden wäre.

Jede Marke, die innerhalb von vier Monaten seit dem Tage der Hinterlegung im Ursprungsland international registriert worden ist, genießt das durch Artikel 4 der Hauptübereinkunft festgesetzte Prioritätsrecht.

Von dem Zeitpunkt der im Internationalen Bureau erfolgten Registrierung an ist die Marke in allen Verbandsstaaten geschützt. Die einzelnen Länder haben jedoch das Recht, den Schutz nach den Gesetzen ihres Landes (vgl. Art. 5) zu verweigern. In einem solchen Falle wird die Wirkung des Schutzes als nicht eingetreten angesehen.

Die internationale Priorität nach Art. 4 der Pariser Übereinkunft gilt auch für die Markeneintragung in Bern nach diesem Abkommen.

Artikel 4 b.

Wenn eine in einem oder mehreren der vertragschließenden Länder bereits hinterlegte Marke später von dem Internationalen Bureau zugunsten desselben Inhabers oder seines Rechtsnachfolgers registriert worden ist, so tritt die internationale Registrierung an die Stelle der früheren nationalen Registrierungen, unbeschadet der durch letztere erworbenen Rechte.

Die internationale Eintragung tritt an die Stelle der bereits eingetragenen nationalen Marken. Die Rechte aus diesen bereits eingetragenen Marken, insbesondere das Prioritätsrecht, bleiben bestehen.

Artikel 5.

Die Behörden, denen das Internationale Bureau die Registrierung einer Marke anzeigt, sind in den Ländern, deren Gesetze sie hierzu ermächtigt, zu der Erklärung befugt, daß dieser Marke der Schutz in ihrem Gebiete nicht gewährt werden kann. Eine solche Zurückweisung ist jedoch nur unter denjenigen Voraussetzungen zulässig, die auf Grund der Hauptübereinkunft bei einer zur nationalen Registrierung hinterlegten Marke Anwendung finden würden.

Von dieser Befugnis müssen sie binnen der von ihrem Heimatsgesetze vorgesehenen Frist, spätestens aber innerhalb eines Jahres nach der im Artikel 3 vorgesehenen Anzeige, Gebrauch machen, wobei sie die Zurückweisungsgründe dem Internationalen Bureau anzugeben haben.

Die derart dem Internationalen Bureau bekanntgegebene Erklärung wird von ihm unverzüglich der Behörde des Ursprungslandes und dem Eigentümer der Marke übermittelt. Der Beteiligte hat dieselben Rechtsmittel, wie wenn die Marke von ihm unmittelbar in dem Lande hinterlegt worden wäre, in welchem der Schutz versagt worden ist.

In den Ländern mit Prüfung vor Eintragung setzt das Prüfungsverfahren nach Eintreffen der Nachricht von der internationalen Eintragung ein. In Ländern mit nur formeller Prüfung können ältere Berechtigte die Löschung des neuen Zeichens verlangen. Dabei müssen die Bestimmungen des Art. 6 der Hauptübereinkunft berücksichtigt werden.

In Deutschland wird nach § 8 Abs. 2 der Ausführungsverordnung die Gewährung des Schutzes nicht deswegen beanstandet, weil die Bezeichnung des Geschäftsbetriebs fehlt.

Wird die Versagung des Schutzes in einem Lande dem Internationalen Bureau erst nach Ablauf der einjährigen Frist mitgeteilt, so trägt dieses die Versagung in das Register ein und teilt ihn dem Markeninhaber mit, unter der Bemerkung, daß es sich nicht über die Rechtsgültigkeit der verspäteten Versagung ausspreche. Die Entscheidung bleibt den Gerichten der einzelnen Länder vorbehalten, bis jetzt ist noch keine Entscheidung bekanntgeworden. Jedenfalls empfiehlt es sich für den gegen eine Eintragung Ankämpfenden, die Verhandlungen so zu beschleunigen, daß eine Versagung dem Berner Bureau noch rechtzeitig mitgeteilt werden kann (vgl. Jüngel G. R. u. U. 1922 S. 243; und Berner Bureau, Actes, Washington 1911 S. 155).

Die einjährige Frist beginnt mit dem Tage der Absendung der Mitteilung von der geschehenen Eintragung seitens des Berner Bureaus. Der Tag der Absendung der Mitteilung der nationalen Behörden gilt als innerhalb der Frist fallend (Berner Bureau, Actes Washington 1911 S. 158).

Artikel 5b.

Das Internationale Bureau erteilt auf Antrag jedem gegen eine Gebühr, die durch die Ausführungsordnung festgesetzt wird, eine Abschrift der mit Bezug auf eine bestimmte Marke in das Register eingetragenen Angaben.

Über die Höhe der Gebühr vgl. Art. 6b der Ausführungsverordnung.

Artikel 6.

Der durch die Registrierung bei dem Internationalen Bureau erlangte Schutz dauert zwanzig Jahre von dem Zeitpunkte dieser Registrierung an; er kann jedoch nicht für eine Marke in Anspruch genommen werden, die in dem Ursprungslande keinen gesetzlichen Schutz mehr genießt.

Bei Erlöschen des Heimatsschutzes wird auch der Schutz in allen übrigen Verbandsländern hinfällig (Actes Bruxelles 1897 S. 107).

Das Internationale Bureau hat die Ansicht ausgesprochen, daß bei Wiederherstellung des Heimatschutzes der internationale Schutz wieder in Kraft trete (Actes Washington S. 156). Nach dem Wortlaut des Gesetzes kann dem nicht beigetreten werden.

Artikel 7.

Die Registrierung kann nach Maßgabe der Vorschriften der Artikel 1 und 3 jederzeit erneuert werden.

Sechs Monate vor Ablauf der Schutzzeit weist das Internationale Bureau die Behörde des Ursprungslandes und den Eigentümer der Marke auf den Fristablauf hin.

Artikel 8.

Die Behörde des Ursprungslandes kann nach ihrem Ermessen eine Gebühr festsetzen und zu ihren Gunsten von dem Eigentümer der Marke, deren internationale Registrierung beantragt wird, erheben. Zu dieser Gebühr tritt eine internationale Abgabe von hundert Franken für die erste Marke und von je fünfzig Franken für alle weiteren von demselben Anmelder gleichzeitig hinterlegten Marken. Das Jahreserträgnis dieser Gebühr wird, nach Abzug der durch die Ausführung dieses Abkommens verursachten gemeinsamen Kosten, zu gleichen Teilen unter die vertragschließenden Länder durch das Internationale Bureau verteilt.

Die Reichsgebühr für den Antrag auf internationale Eintragung beträgt M. 50,—, und zwar für jede Marke, gleichgültig ob der Betrag für eine oder mehrere Marken gleichzeitig gestellt wird.

Artikel 8 b.

Der Eigentümer einer internationalen Marke kann jederzeit durch eine an die Behörde des Ursprungslandes gerichtete Erklärung auf den Schutz in einem oder in mehreren der vertragschließenden Länder verzichten; die Erklärung wird dem Internationalen Bureau mitgeteilt und von diesem den durch den Verzicht betroffenen Ländern bekanntgegeben.

Ebenso kann auf den Schutz einer Marke für einzelne Waren verzichtet werden.

Artikel 9.

Die Behörde des Ursprungslandes teilt dem Internationalen Bureau die Nichtigkeitserklärungen, Löschungen, Verzichtleistungen, Über-

tragungen und anderen Veränderungen mit, die in bezug auf das Eigentumsrecht an der Marke eintreten.

Das Internationale Bureau trägt diese Veränderungen in das Register ein, zeigt sie den Behörden der vertragschließenden Länder an und veröffentlicht sie sogleich in seinem Blatte.

Das gleiche Verfahren greift Platz, wenn der Eigentümer der Marke den Antrag stellt, die Liste der Erzeugnisse zu verkürzen, für welche die Marke Anwendung findet.

Die nachträgliche Hinzufügung eines neuen Erzeugnisses zu der Liste kann nur durch eine neue, gemäß den Vorschriften des Artikel 3 bewirkte Hinterlegung erlangt werden. Der Hinzufügung steht der Ersatz eines Erzeugnisses durch ein anderes gleich.

Bei Übertragung auf einen Inhaber mit Niederlassung in demselben Lande ist nur eine Mitteilung der geschehenen Übertragung an das Berner Bureau durch die Behörde des Ursprungslandes erforderlich (Actes Bruxelles 1897 S. 63).

Eine Übertragung einer international eingetragenen Marke für nur einzelne der Verbandsländer ist nicht möglich (Berner Bureau, Actes Washington 1911 S. 159). Es müssen Neuanmeldungen in den einzelnen Staaten stattfinden, während der Inhaber der internationalen Marke für diese Staaten durch Vertrag auf seine Rechte verzichtet oder seine internationale Marke für diese Staaten streichen läßt.

Für die Registrierung einer Übertragung berechnet das Berner Bureau zur Zeit keine Gebühr.

Artikel 9 b.

Wenn eine im internationalen Register eingetragene Marke auf eine Person übertragen wird, die in einem anderen vertragschließenden Lande als dem Ursprungslande der Marke ansässig ist, so ist die Übertragung durch die Behörde dieses Ursprungslandes dem Internationalen Bureau anzuzeigen. Das Internationale Bureau trägt die Übertragung in das Register ein, zeigt sie, sobald die Zustimmung der für den neuen Markeninhaber zuständigen Behörde eingegangen ist, den anderen Behörden an und veröffentlicht sie in seinem Blatte.

Die vorstehende Bestimmung berührt in keiner Weise die in den vertragschließenden Ländern geltenden Gesetze, durch welche die Übertragung einer Marke ohne gleichzeitige Übertragung des Gewerbe- oder Handelsunternehmens, dessen Erzeugnisse durch die Marke gekennzeichnet werden, verboten wird.

Die Übertragung einer im internationalen Register eingetragenen Marke auf eine Person, die in keinem der vertragschließenden Länder ansässig ist, wird in das Register nicht eingetragen.

Bei Übertragung auf einen in einem anderen Lande ansässigen Inhaber muß die Marke für den neuen Inhaber in dessen Heimatsstaate eingetragen werden. Andernfalls ist die Marke in Bern auf den neuen Inhaber eingetragen, aber mangels Heimatsschutzes ungültig.

Die Übertragung kann auch an einen Verbandsangehörigen der vorliegenden Übereinkunft übertragen werden, welcher seine Hauptniederlassung in einem Nichtverbandslande hat, und zwar gemäß Art. 6 Abs. 4 der Hauptübereinkunft (Berner Bureau, Actes Washington 1911 S. 157).

Artikel 10.

Die Behörden werden die Einzelheiten wegen der Ausführung des gegenwärtigen Abkommens gemeinschaftlich ordnen.

Ausführungsordnung siehe S. 76ff.

Artikel 11.

Die dem Verbande zum Schutze des gewerblichen Eigentums angehörenden Länder, die an dem gegenwärtigen Abkommen nicht teilgenommen haben, werden auf ihren Antrag und in der durch die Hauptübereinkunft vorgeschriebenen Form zum Beitritt zugelassen.

Sobald das Internationale Bureau von dem Beitritt eines Landes oder einer seiner Kolonien zu dem vorliegenden Abkommen in Kenntnis gesetzt worden ist, sendet es der Behörde dieses Landes gemäß Artikel 3 eine Sammelanzeige über diejenigen Marken, die zu diesem Zeitpunkt den internationalen Schutz genießen.

Diese Anzeige sichert von selbst den bezeichneten Marken die Vorteile der vorangehenden Bestimmungen in dem Gebiete des beitretenden Landes und setzt die Jahresfrist in Lauf, während welcher die beteiligte Behörde die im Artikel 5 vorgesehene Erklärung abgeben kann.

Wenn ein neu beigetretener Staat die vorher international eingetragenen Marken nicht vor Ablauf eines Jahres geprüft und evtl. zurückgewiesen hat, so bleiben diese mit der Priorität des Tages des Beitritts dieses Staates rechtsgültig bestehen und können nur auf Grund der Landesgesetze ungültig erklärt werden.

In Deutschland wurden die vor dem Beitritt, das ist der 1. Dezember 1922, eingetragenen internationalen Marken nicht geprüft und bestehen also zu Recht. Sie können nur auf Grund der § 8 Abs. 2 und § 9 des deutschen Warenzeichengesetzes angekämpft werden.

Artikel 12.

Das gegenwärtige Abkommen soll ratifiziert und die Ratifikationsurkunden sollen in Washington spätestens am 1. April 1913 hinterlegt werden.

Es tritt einen Monat nach Ablauf dieser Frist in Kraft und soll dieselbe Geltung und Dauer haben wie die Hauptübereinkunft.

Zu Urkund dessen haben die Bevöllmächtigten das gegenwärtige Abkommen unterzeichnet.

So geschehen zu Washington, in einem einzigen Exemplar, am zweiten Juni 1911.

(*Folgen die Unterschriften.*)

C. Madrider Abkommen vom 14. April 1891 betreffend die Unterdrückung falscher Herkunftsbezeichnungen auf Waren, revidiert in Washington am 2. Juni 1911.

Dem Abkommen gehören folgende Staaten an:

Brasilien
Danzig (freie Stadt)
Frankreich und Algerien nebst Kolonien
Großbritannien nebst Neuseeland
Kuba
Marokko (mit Ausnahme der spanischen Zone)
Portugal nebst Azoren und Madeira
Schweiz
Spanien
Tschechoslowakei
Tunis.

Deutschland ist diesem Abkommen noch nicht beigetreten.

Die beigefügte deutsche Übersetzung ist nicht amtlicherseits angefertigt.

Arrangement de Madrid du 14 avril 1891, concernant la répression des fausses indications de provenance sur les marchandises, revisé à Washington le 2 juin 1911.

Article 1.

Tout produit portant une fausse indication de provenance dans laquelle un des pays contractants, ou un lieu situé dans l'un d'entre eux, serait directement ou indirectement

Madrider Abkommen vom 12. April 1891 betr. die Unterdrückung falscher Herkunftsbezeichnungen auf Waren, revidiert in Washington am 2. Juni 1911.

Artikel 1.

Jedes mit einer falschen Herkunftsbezeichnung versehene Erzeugnis, in welcher eines der Verbandsländer oder ein Ort in einem der Verbandsländer mittelbar oder indiqué comme pays ou comme lieu d'origine, sera saisi à l'importation dans chacun desdits pays.

La Saisie sera également effectuée dans le pays où la fausse indication de provenance aura été apposée, ou dans celui où aura été introduit muni de cette fausse indication.

Si la législation d'un pays n'admet pas la saisie à l'importation, celle saisie sera remplacée par la prohibition d'importation.

Si la législation d'un pays n'admet pas la saisie à l'intérieur, cette saisie sera remplacée par les actions et moyens que la loi de ce pays assure en pareil cas aux nationaux.

Article 2.

La saisie aura lieu à la requête soit du Ministère public, soit de toute Autorité compétente, par exemple, l'Administration douanière, soit d'une partie intéressée, particulier ou société, conformément à la législation intérieure de chaque pays.

Les autorités ne seront pas tenues d'effectuer la saisie en cas de transit.

Article 3.

Les présentes dispositions ne font pas obstacle à ce que le vendeur indique son nom ou son adresse sur les produits provenant d'un pays différent de celui de la vente; mais, dans ce cas, l'adresse ou le nom doit être accompagné de l'indication précise, et en caractères apparents, du pays ou du lieu de fabrication ou de production.

Article 4.

Les tribunaux de chaque pays auront à décider quelles sont les

unmittelbar als Land oder Ort der Herkunft angegeben ist, wird bei der Einfuhr in jedem der genannten Länder beschlagnahmt.

Die Beschlagnahme findet ebenfalls in dem Lande statt, in welchem die falsche Herkunftsbezeichnung angebracht wurde oder in dem Lande, in welches das mit der falschen Herkunftsbezeichnung versehene Erzeugnis eingeführt worden ist.

Wenn die Gesetzgebung eines Landes die Beschlagnahme bei der Einfuhr nicht zuläßt, so tritt an die Stelle der Beschlagnahme bei der Einfuhr die Verhinderung der Einfuhr.

Wenn die Gesetzgebung eines Landes die Beschlagnahme im Innern des Landes nicht zuläßt, so treten an Stelle dieser Beschlagnahme die Verfahren oder Mittel, welche das Land in ähnlichen Fällen den Staatsangehörigen zusichert.

Artikel 2.

Die Beschlagnahme findet entsprechend der inneren Gesetzgebung jedes Landes entweder auf Veranlassung des Ministers oder irgendeiner anderen zuständigen Behörde, z. B. der Zollbehörde oder eines Interessenten, sei es eine Einzelperson oder eine Gesellschaft, statt.

Die Behörden sind zu einer Beschlagnahme beim Durchgangsverkehr nicht verpflichtet.

Artikel 3.

Durch diese Bestimmungen wird kein Verkäufer gehindert, seinen Namen oder seine Anschrift auf den Erzeugnissen anzubringen, welche nicht aus dem Verkaufslande herrühren; jedoch muß in diesem Falle der Anschrift oder dem Namen die genaue Angabe des Landes oder des Ortes der Herstellung oder der Herkunft in deutlicher Schrift beigefügt sein.

Artikel 4.

Die Gerichte jedes Landes entscheiden darüber, welche Bezeichappellations qui, à raison de leur caractère générique, échappent aux dispositions du présent Arrangement, les appellations régionales de provenance des produits vinicoles n'étant cependant pas comprises dans la réserve spécifiée par cet article.

nungen als Merkmal von Gattungen nicht unter die Bestimmung des vorliegenden Abkommens fallen. Die Herkunftsbezeichnungen bestimmter Gegenden von Erzeugnissen des Weinbaues fallen jedoch nicht unter die durch diesen Artikel bestimmten Ausnahmen.

Article 5.

Les États de l'Union pour la protection de la Propriété industrielle qui n'ont pas pris part au présent Arrangement seront admis à y adhérer sur leur demande, et dans la forme prescrite par l'article 16 de la Convention générale.

Artikel 5.

Die der Union für das gewerbliche Eigentum angehörenden Staaten, welche an dem vorliegenden Abkommen nicht teilgenommen haben, werden auf ihren Antrag unter den im Art. 16 der Hauptübereinkunft vorgeschriebenen Förmlichkeiten zum Beitritt zugelassen.

Article 6.

Le présent Arrangement sera ratifié, et les ratifications en seront déposées à Washington au plus tard le 1 avril 1913.

Il entrera en vigueur un mois à partir de l'expiration de ce délai, et aura la même force et durée que la Convention générale.

Artikel 6.

Das vorliegende Abkommen wird ratifiziert werden, und die Ratifikationen werden spätestens bis zum 1. April 1913 in Washington hinterlegt werden. Es wird einen Monat nach diesem Termin in Kraft treten und dieselbe Gültigkeit und Dauer wie das Hauptabkommen haben.

D. Sonderabkommen des Deutschen Reichs mit Auslandsstaaten.

1. Das Übereinkommen mit Österreich vom 17. November 1908.

Art. 1. Im gegenseitigen Verkehre zwischen dem Deutschen Reiche und Österreich finden nach Beitritt Österreichs zur Internationalen Übereinkunft zum Schutze des gewerblichen Eigentums vom 20. März 1883 und der diese Übereinkunft ergänzenden oder abändernden Zusatzakte in bezug auf den gewerblichen Rechtsschutz neben den Bestimmungen dieser Übereinkunft nachstehende Bestimmungen Anwendung.

Art. 2. Die Einfuhr einer in den Gebieten eines der vertragschließenden Teile hergestellten Ware in die Gebiete des anderen Teiles soll in den letzteren den Verlust des für diese Ware erworbenen Schutzrechts, auch soweit es ein Muster oder Modell betrifft, nicht zur Folge haben.

Art. 3. Öffentliche Wappen aus den Gebieten des einen vertragschließenden Teiles werden in den Gebieten des anderen Teiles nicht als Freizeichen angesehen werden. Dies gilt auch für solche Ausführungen der Wappen, welche Abweichungen von der amtlichen Ausführungsform aufweisen, sofern trotz dieser Abweichungen Verwechslungen im Verkehre zu erwarten sind.

Warenzeichen, welche solche Wappen als Bestandteile enthalten, sollen, sofern diese Wappen nachweisbar berechtigterweise von dem Anmelder in dem Warenzeichen geführt werden, in den Gebieten des anderen Teiles die Eintragung in die Zeichenrolle (das Markenregister) wegen Führung solcher Wappen nicht versagt werden können.

Außer demjenigen, welcher die Berechtigung zur Führung solcher Wappen besitzt, hat niemand Anspruch auf Schutz dieser zusammengesetzten Warenzeichen.

Diese Bestimmungen finden insbesondere auch auf das österreichische Erblandswappen Anwendung.

Warenzeichen, welche in den Gebieten eines der vertragschließenden Teile als Kennzeichen der Waren von Angehörigen eines bestimmten gewerblichen Verbandes, eines bestimmten Ortes oder Bezirkes Schutz genießen, sind, sofern die Anmeldung dieser Warenzeichen vor dem 1. Oktober 1875 in den Gebieten des anderen Teiles erfolgt ist, hier von der Benutzung als Freizeichen ausgeschlossen.

Außer den Angehörigen eines solchen Verbandes, Ortes oder Bezirkes hat niemand Anspruch auf Schutz dieser Warenzeichen.

Art. 4. Muster und Modelle sowie Warenzeichen, für welche deutsche Angehörige in Österreich einen Schutz erlangen wollen, sind bei der Handels- und Gewerbekammer in Wien oder bei der künftig an deren Stelle tretenden Registrierungsbehörde anzumelden.

Art. 5. Jeder der vertragschließenden Teile wird, soweit dies noch nicht geschehen ist, Bestimmungen gegen den Verkauf und das Feilhalten solcher Waren treffen, welche zum Zwecke der Täuschung in Handel und Verkehr unbefugterweise mit öffentlichen Wappen aus den Gebieten des anderen vertragschließenden Teiles oder mit Namen bestimmter, in den Gebieten des anderen Teiles gelegenen Orte oder Bezirke behufs Bezeichnung des Ursprunges versehen sind.

Art. 6. Im Falle einer der vertragschließenden Teile aus dem Verbande der Internationalen Union zum Schutze des gewerblichen Eigentums austreten sollte, hat er über die erfolgte Kündigung dem anderen Teile sofort Mitteilung zu machen und gleichzeitig die Verhandlungen behufs Revision des gegenwärtigen Übereinkommens einzuleiten.

Sollten diese Verhandlungen bis zu dem Zeitpunkt, in welchem laut Artikel 18 der Internationalen Übereinkunft vom 20. März 1883 der Austritt wirksam wird, nicht zum Abschlusse gelangen, so haben bis zum Zustandekommen eines neuen Übereinkommens auch weiterhin die Bestimmungen jener Übereinkunft nebst den sie ergänzenden oder abändernden Zusatzakten im gegenseitigen Verkehre der vertragschließenden Teile in Anwendung zu bleiben.

Art. 7. Für die im Deutschen Reiche als Gebrauchsmuster, in Österreich hingegen als Erfindungen angemeldeten Gegenstände wird die im Artikel 4 der durch die Zusatzakte vom 14. Dezember 1900 abgeänderten Internationalen Übereinkunft vom 20. März 1883 gewährleistete Prioritätsfrist, wenn die Anmeldung zuerst im Deutschen Reiche erfolgte, auf vier Monate, wenn die Anmeldung zuerst in Österreich erfolgte, auf zwölf Monate bemessen.

Art. 8. Das gegenwärtige Übereinkommen tritt mit dem Zeitpunkt in Kraft, zu welchem der Beitritt Österreichs zu der Internationalen Union zum Schutze des gewerblichen Eigentums wirksam wird. Mit diesem Zeitpunkte treten vorbehaltlich der Bestimmung im Artikel 9 Abs. 1 des gegenwärtigen Übereinkommens die auf den gegenseitigen Patent-, Muster- und Markenschutz Bezug habenden bisherigen Vereinbarungen außer Kraft.

Dieses Übereinkommen bleibt bis zum Ablauf eines Jahres nach erfolgter Kündigung von seiten eines der vertragschließenden Teile in Kraft.

Art. 9. Diejenigen Erfindungen, Muster und Modelle sowie Warenzeichen, welche vor dem Zeitpunkte des Inkrafttretens des gegenwärtigen Übereinkommens in den Gebieten des einen vertragschließenden Teiles angemeldet sind und innerhalb der Frist von drei Monaten nach diesem Zeitpunkt in den Gebieten des anderen Teiles angemeldet werden, genießen ein Vorrecht entweder nach Maßgabe der Artikel 3 und 4 des Übereinkommens vom 6. Dezember 1891 oder nach Maßgabe des Artikel 4 der durch die Zusatzakte vom 14. Dezember 1900 abgeänderten Internationalen Übereinkunft vom 20. März 1883, je nachdem die eine oder die andere Vereinbarung dem Anmelder günstiger ist.

Die Bestimmungen des Artikel 3 finden auch auf diejenigen Warenzeichen Anwendung, für welche im Zeitpunkte des Inkrafttretens des gegenwärtigen Übereinkommens eine noch nicht endgültig erledigte Anmeldung zur Eintragung in die Zeichenrolle (das Markenregister) vorliegt.

Art. 10. Dieses Übereinkommen soll ratifiziert und die Ratifikationsurkunden sollen sobald als möglich in Berlin ausgewechselt werden.

Zu Urkund dessen haben die beiderseitigen Bevollmächtigten das gegenwärtige Übereinkommen unterzeichnet und ihre Siegel beigedrückt.

So geschehen in Berlin, den 17. November 1908.

Das Übereinkommen mit Ungarn vom 17. November 1908.

Dieses hat genau denselben Wortlaut wie das Übereinkommen mit Österreich vom 17. November 1908, nur ist an Stelle von „Österreich" stets „Ungarn" und von „Wien" „Budapest" zu setzen.

Ferner ist im Artikel 3 Abs. 4 anstatt „das österreichische Erblandswappen" „die ungarische Sankt-Stephanskrone" gesetzt.

Das Schlußprotokoll zum Übereinkommen mit Ungarn vom 17. November 1908.

Bei der Unterzeichnung des Übereinkommens betreffend den gewerblichen Rechtsschutz im gegenseitigen Verkehre zwischen dem Deutschen Reiche und Ungarn ist Einverständnis über nachstehendes festgestellt worden:

Zu Artikel 3.

Zu Abs. 1 bis 4.

Durch die Bestimmung des Artikel 3 werden die Vorschriften der inneren Gesetzgebungen über die mißbräuchliche Verwendung staatlicher Embleme zu Täuschungszwecken nicht berührt.

Zu Abs. 4.

Der besondere Schutz, welcher hier der ungarischen Sankt-Stephanskrone mit Rücksicht auf ihre charakteristische Ausgestaltung zugesichert wird, kann für sonstige Kronenbilder nicht beansprucht werden.

Eine Abbildung der ungarischen Sankt-Stephanskrone wird seitens der Königlich Ungarischen Regierung beim Kaiserlichen Deutschen Patentamt in Berlin niedergelegt.

1. Deutsches Reich und Österreich.
2. Deutsches Reich und Ungarn.

Die Übereinkommen vom 17. November 1908, welche in diesem Blatt Bd. XIV S. 285—286 am 30. Dezember 1908 unter Nr. 195 veröffentlicht sind, sind am 30. Dezember 1908 ratifiziert und mit dem 1. Januar 1909 in Kraft getreten. Zu ihrer Durchführung ist die Mitteilung unter b ergangen (Bl. 1909 S. 6).

2. Abkommen zwischen dem Deutschen Reiche und der Schweiz zur Abänderung des Übereinkommens vom 13. April 1892, betreffend den gegenseitigen Patent-, Muster- und Markenschutz vom 26. Mai 1902.

(RGBl. 1903 S. 181.)

Seine Majestät der Deutsche Kaiser, König von Preußen, im Namen des Deutschen Reichs, einerseits, und der Bundesrat der Schweizerischen Eidgenossenschaft, andererseits, haben, in Anbetracht des bevorstehenden Beitritts des Deutschen Reichs zur internationalen Konvention zum Schutze des gewerblichen Eigentums, vom 20. März 1883, Unterhandlungen eröffnen lassen, um das Übereinkommen vom 13. April 1892, betreffend den gegenseitigen Patent-, Muster- und Markenschutz, den Bestimmungen der Konvention vom 20. März 1883 und der hierauf bezüglichen, am 14. Dezember 1900 in Brüssel vereinbarten Zusatzakte anzupassen, und zu Bevollmächtigten ernannt:

(folgen die Namen)

welche, nach gegenseitiger Mitteilung ihrer in guter und gehöriger Form befundenen Vollmachten, nachstehende Artikel vereinbart haben:

Art. I. Die Artikel 1 bis 4, 6, 8 und 9 des Übereinkommens, betreffend den gegenseitigen Patent-, Muster- und Markenschutz vom 13. April 1892, sowie das Schlußprotokoll und das Zusatzprotokoll zu diesem Übereinkommen werden aufgehoben.

Art. II. Dem Artikel 5 des Übereinkommens werden folgende Absätze hinzugefügt:

„Vorstehende Bestimmungen finden auf diejenigen Erfindungen nicht Anwendung, welche nach den Gesetzen eines der vertragschließenden Teile vom Patentschutz ausgeschlossen sind. Jedoch bleiben die Vergünstigungen, welche dem Inhaber eines Patents im Artikel 2 der Zusatzakte vom 14. Dezember 1900 zur internationalen Konvention zum Schutze des gewerblichen Eigentums, vom 20. März 1883, zugesichert sind, unberührt.

Rechtsnachteile, welche nach den Gesetzen der vertragschließenden Teile bei Erfindungspatenten im Falle der Lizenzverweigerung eintreten, werden durch die im zweiten Absatz enthaltenen Bestimmungen nicht ausgeschlossen."

Art. III. Das vorliegende Abkommen tritt mit dem Zeitpunkt in Kraft, zu welchem der Beitritt des Deutschen Reichs zu der in Paris am 20. März 1883 geschlossenen internationalen Konvention zum Schutze des gewerblichen Eigentums nebst der Brüsseler Zusatzakte vom 14. Dezember 1900 wirksam wird.

Art. IV. Für diejenigen Erfindungen, Muster und Modelle, Fabrik- und Handelsmarken, welche vor dem in dem Artikel III bezeichneten Zeitpunkt angemeldet worden sind, kommt eine Prioritätsfrist entweder nach Maßgabe der Artikel 3 und 4 des Übereinkommens vom 13. April 1892 oder nach Maßgabe des revidierten Artikel 4 der Pariser Konvention zur Geltung, je nachdem die eine oder die andere dem Anmeldenden günstiger ist.

Art. V. Das gegenwärtige Abkommen soll ratifiziert und die Ratifikationsurkunden sollen sobald als möglich in Bern ausgewechselt werden.

Zu Urkund dessen haben die beiderseitigen Bevollmächtigten das gegenwärtige Abkommen unterzeichnet und ihre Siegel beigedrückt.

So geschehen zu Bern, in doppelter Ausfertigung, den 26. Mai 1902.

Die in Betracht kommenden Artikel 5 und 7 des Übereinkommens vom 13. April 1892 (Bl. 1903 S. 114) lauten:

Art. 5. Die Rechtsnachteile, welche nach den Gesetzen der vertragschließenden Teile eintreten, wenn eine Erfindung, ein Muster oder Modell, eine Handels- oder Fabrikmarke nicht innerhalb einer bestimmten Frist ausgeführt, nachgebildet oder angewendet wird, sollen auch dadurch ausgeschlossen werden, daß die Ausführung, Nachbildung oder Anwendung in dem Gebiete des anderen Teiles erfolgt.

Die Einfuhr einer in dem Gebiete des einen Teiles hergestellten Ware in das Gebiet des anderen Teiles soll in dem letzteren nachteilige Folgen für das auf Grund einer Erfindung, eines Musters oder Modells oder einer Handels- oder Fabrikmarke gewährte Schutzrecht nicht nach sich ziehen.

Art. 7. Angehörige des einen der vertragschließenden Teile, welche ein Patent in dem Gebiete des anderen Teiles erlangt haben, sind in dem letzteren von jeder gesetzlichen Verpflichtung befreit, behufs Geltendmachung der aus dem Patent sich ergebenden Rechte, die nach dem Patent hergestellten Gegenstände oder deren Verpackung als patentiert zu kennzeichnen. Ist eine solche Kennzeichnung nicht erfolgt, so muß behufs Verfolgung des Nachahmers der Nachweis schuldhaften Verhaltens besonders geführt werden.

3. Abkommen zwischen dem Deutschen Reiche und den Vereinigten Staaten von Amerika, betreffend den gegenseitigen gewerblichen Rechtsschutz. Vom 23. Februar 1909.

Art. 1. Die in den geltenden oder den künftigen Gesetzen des einen der vertragschließenden Teile enthaltenen Vorschriften, wonach im Falle der Nichtausführung eines Patents, Gebrauchsmusters, Musters oder Modells die Zurücknahme oder eine sonstige Beschränkung des Rechts vorgesehen ist, sollen auf die den Angehörigen des anderen vertragschließenden Teiles gewährten Patente, Gebrauchsmuster, Muster oder Modelle nur in dem Umfange der von diesem Teile seinen eigenen Angehörigen auferlegten Beschränkungen Anwendung finden. Die Ausführung des Patents, Gebrauchsmusters, Musters oder Modells in dem Gebiete des einen vertragschließenden Teiles wird der Ausführung in dem Gebiete des anderen Teiles gleichgestellt.

Art. 2. Das Abkommen tritt mit dem Tage seiner Verkündung in Kraft und bleibt bis zum Ablaufe von zwölf Monaten nach erfolgter Kündigung von seiten eines der vertragschließenden Teile in Wirksamkeit.

Art. 3. Das gegenwärtige Abkommen soll ratifiziert und die Ratifikationsurkunden sollen sobald als möglich in Washington ausgewechselt werden.

Art. 1. The provisions of the laws applicable, now existing or hereafter to be enacted of either of the Contracting Parties, under which the nonworking of the patent, working pattern (Gebrauchsmuster), design or model carries the invalidation or some other restriction of the right, shall only be applied to the patents, working patterns (Gebrauchsmuster), designs or models enjoyed by the citizens of the other Contracting Party within the limits of the restrictions imposed by the said Party upon its own citizens. The working of a patent, working pattern (Gebrauchsmuster), design or model in the territory of one of the Contracting Parties shall be considered as equivalent to its working in the territory of the other Party.

Art. 2. This Agreement shall take effect from the date of its promulgation and remain in force until the expiration of 12 months following the notice of termination given by one of the Contracting Parties.

Art. 3. The present Agreement shall be ratified and the ratifications shall be exchanged at Washington as soon as possible.

In witness whereof the respective Plenipotentiaries have executed the present Agreement and affixed their seals thereunto.

Done in duplicate in the German and English languages at Washington this—23 rd—day of February 1909.

Zu Urkund dessen haben die beiderseitigen Bevollmächtigten das gegenwärtige Abkommen vollzogen und ihre Siegel beigedrückt.

So geschehen zu Washington in doppelter Ausfertigung in deutscher und englischer Sprache, den 23. Februar 1909.

J. Bernstorff. (L. S.)
Robert Bacon. (L. S.)

Das vorstehende Abkommen ist ratifiziert worden, und die Auswechslung der Ratifikationsurkunden hat am 14. Juli 1909 in Washington stattgefunden.

Verkündet im Reichsgesetzblatt vom 1. August 1909.

Bekanntmachung, betr. Wiederinkraftsetzung des Abkommens zwischen dem Deutschen Reiche und den Vereinigten Staaten von Amerika, betr. den gegenseitigen gewerblichen Rechtsschutz, vom 23. Februar 1909. Vom 11. Mai 1922.

Auf Grund einer nach Maßgabe des Artikels 289 des Friedensvertrags von Versailles vom 28. Juni 1919 (RGBl. S. 687) und des Artikels II Nr. 1 und 5 des Vertrags zwischen Deutschland und den Vereinigten Staaten von Amerika vom 25. August 1921 (RGBl. S. 1317) ergangenen Mitteilung der Regierung der Vereinigten Staaten von Amerika ist das Abkommen zwischen dem Deutschen Reiche und den Vereinigten Staaten von Amerika, betr. den gegenseitigen gewerblichen Rechtsschutz, vom 23. Februar 1909 (RGBl. S. 895), am 8. Mai 1922 wieder in Kraft getreten.

Berlin, den 11. Mai 1922.

Der Reichsminister des Auswärtigen.
In Vertretung.
von Haniel.

RGBl. Teil II Nr. 7 S. 132.

4. Gesetz, betr. den am 25. August 1921 unterzeichneten Vertrag zwischen Deutschland und den Vereinigten Staaten von Amerika. Vom 20. Oktober 1921.

Der Reichstag hat das folgende Gesetz beschlossen, das mit Zustimmung des Reichsrats hiermit verkündet wird:

Art. 1. Dem am 25. August 1921 unterzeichneten Vertrage zwischen Deutschland und den Vereinigten Staaten von Amerika wird zugestimmt. Der Vertrag wird nachstehend veröffentlicht.

Art. 2. Dieses Gesetz tritt mit dem Tage der Verkündung in Kraft.

Berlin, den 20. Oktober 1921.

Der Reichspräsident.
Ebert.
Der Reichsminister des Auswärtigen.
Dr. Rosen.

Germany
and
The United States of America:

Considering that the United States, acting in conjunction with its co-belligerents, entered into an Armistic with Germany on November 11, 1918, in order that a Treaty of Peace might be concluded;

Considering that the Treaty of Versailles was signed on June 28, 1919, and came into force according to the terms of its Article 440, but has not been ratified by the United States;

Considering that the Congress of the United States passed a Joint Resolution, approved by the President July 2, 1921, which reads in part as follows:

"RESOLVED BY THE SENATE AND HOUSE OF REPRESENTATIVES OF THE UNITED STATES OF AMERICA IN CONGRESS ASSEMBLED, That the state of war declared to exist between the Imperial German Government and the United States of America by the joint resolution of Congress approved April 6, 1917, is hereby declared at an end.

"Sec. 2. That in making this declaration, and as a part of it, there are expressly reserved to the United States of America and its nationales any and all rights, privileges, indemnities, reparations, or advantages, together with the right to enforce the same, to which it or they have become entitled under the terms of the armistice signed November 11, 1918, or any extensions or modifications thereof; or which were acquired by or are in the possession of the United States of America by reason of its participation in the war or to which its nationals have thereby become rightfully entitled; or which, under the treaty of Versailles, have been

Deutschland
und
die Vereinigten Staaten von Amerika:

In der Erwägung, daß die Vereinigten Staaten gemeinschaftlich mit ihren Mitkriegführenden am 11. November 1918 einen Waffenstillstand mit Deutschland vereinbart haben, damit ein Friedensvertrag abgeschlossen werden könne;

In der Erwägung, daß der Vertrag von Versailles am 28. Juni 1919 unterzeichnet wurde und gemäß den Bestimmungen des Art. 440 in Kraft getreten, aber von den Vereinigten Staaten nicht ratifiziert worden ist;

In der Erwägung, daß der Kongreß der Vereinigten Staaten einen gemeinsamen Beschluß gefaßt hat, der von dem Präsidenten am 2. Juli 1921 genehmigt worden ist und im Auszug wie folgt lautet:

„Beschlossen vom Senat und dem Repräsentantenhaus der Vereinigten Staaten von Amerika, die zum Kongreß versammelt sind, daß der durch den am 6. April 1917 genehmigten gemeinsamen Beschluß des Kongresses erklärte Kriegszustand zwischen der Kaiserlich Deutschen Regierung und den Vereinigten Staaten von Amerika hiermit für beendet erklärt wird.

„Sektion 2. Daß durch Abgabe dieser Erklärung und als ein Teil davon den Vereinigten Staaten von Amerika und ihren Staatsangehörigen jedwede und alle Rechte, Privilegien, Entschädigungen, Reparationen oder Vorteile einschließlich des Rechts, sie zwangsweise durchzuführen, ausdrücklich vorbehalten werden, auf welche die Vereinigten Staaten von Amerika oder ihre Staatsangehörigen nach den am 11. November 1918 unterzeichneten Waffenstillstandsbedingungen sowie irgendwelchen Erweiterungen oder Abänderungen derselben einen Anspruch erworben haben; oder die von den Vereinigten Staaten von Amerika infolge ihrer Beteiligung stipulated for its or their benefit; or to which it is entitled as one of the principal allied and associated powers; or to which it is entitled by virtue of any Act or Acts of Congress; or otherwise.

. . . .

am Kriege erworben worden sind oder sich in ihrem Besitz befinden; oder auf die ihre Staatsangehörigen dadurch rechtmäßig einen Anspruch erworben haben; oder die in dem Vertrage von Versailles zu ihren oder ihrer Staatsangehörigen Gunsten festgesetzt worden sind; oder auf die sie als eine der alliierten und assoziierten Hauptmächte oder kraft irgendeines vom Kongreß beschlossenen Gesetzes oder sonstwie einen Anspruch haben.

. . . .

"Sec. 5. All property of the Imperial German Government, or its successor or successors, and of all German nationals, which was, on April 6, 1917, in or has since that date come into the possession or under control of, or has been the subject of a demand by the United States of America or of any of its officers, agents, or employees, from any source or by any agency whatsoever, and all property of the Imperial and Royal Austro-Hungarian Government, or its successor or successors, and of all Austro-Hungarian nationals which was on December 7, 1917, in or has since that date come into the possession or under control of, or has been the subject of a demand by the United States of America or any of its officers, agents, or employees, from any source or by any agency whatsoever, shall be retained by the United States of America and no disposition thereof made, except as shall have been heretofore or specifically hereafter shall be provided by law until such time as the Imperial German Government and the Imperial and Royal Austro-Hungarian Government, or their successor or successors, shall have respectively made suitable provision for the satisfaction of all claims against said Governments respectively, of all persons, wheresoever domiciled, who owe permanent allegiance to the United States of America and who have suffered,

„Sektion 5. Alles Eigentum der Kaiserlich Deutschen Regierung oder ihres Nachfolgers oder ihrer Nachfolger und das Eigentum aller deutschen Staatsangehörigen, das sich am 6. April 1917 im Besitz oder in der Gewalt der Vereinigten Staaten von Amerika oder eines ihrer Beamten, Vertreter oder Angestellten befand oder seit diesem Tage in deren Besitz oder Gewalt gelangt oder Gegenstand einer Forderung seitens derselben gewesen ist, gleichviel aus welchem Ursprung oder aus welcher Tätigkeit, und alles Eigentum der K. u. K. Österreichisch-Ungarischen Regierung oder ihres Nachfolgers oder ihrer Nachfolger und aller österreichisch-ungarischen Staatsangehörigen, das sich am 7. Dezember 1917 im Besitz oder in der Gewalt der Vereinigten Staaten von Amerika oder eines ihrer Beamten, Vertreter oder Angestellten befand oder seit diesem Tage in deren Besitz oder Gewalt gelangt oder Gegenstand einer Forderung seitens derselben gewesen ist, gleichviel aus welchem Ursprung oder aus welcher Tätigkeit, soll von den Vereinigten Staaten von Amerika zurückbehalten und darüber keine Verfügung getroffen werden, soweit nicht gesetzlich darüber bereits verfügt ist oder im einzelnen künftig darüber verfügt wird. Dies gilt bis zu dem Zeitpunkt, wo die Kaiserlich Deutsche Regierung beziehungsweise die K. u. K. Österreichisch-Ungarische Regierung oder ihr Nachfolger through the acts of the Imperial German Government, or its agents, or the Imperial and Royal Austro-Hungarian Government, or its agents, since July 31, 1914, loss, damage, or injury to their persons or property, directly or indirectly, whether through the ownership of shares of stock in German, Austro-Hungarian, American, or other corporations, or in consequence of hostilities or of any operations of war, or otherwise, and also shall have granted to persons owing permanent allegiance to the United States of America most-favored-nation treatment, whether the same be national or otherwise, in all matters affecting residence, business, profession, trade, navigation, commerce and industrial property rights, and until the Imperial German Government and the Imperial and Royal Austro-Hungarian Government, or their successor or successors, shall have respectively confirmed to the United States of America all fines, forfeitures, penalties, and seizures imposed or made by the United States of America during the war, whether in respect to the property of the Imperial German Government or German nationals or the Imperial and Royal Austro-Hungarian Government or Austro-Hungarian nationals, and shall have waived any and all pecuniary claims against the United States of America."

oder ihre Nachfolger angemessene Vorkehrungen zur Befriedigung aller Forderungen gegen eine der genannten Regierungen seitens aller Personen ohne Rücksicht auf ihren Wohnsitz getroffen haben, die zu den Vereinigten Staaten von Amerika in einem dauernden Treuverhältnis stehen, und die durch Handlungen der Kaiserlich Deutschen Regierung oder ihrer Vertreter oder der K. u. K. Österreichisch-Ungarischen Regierung oder deren Vertreter seit dem 31. Juli 1914 Verlust, Nachteil oder Schaden an ihrer Person oder ihrem Eigentum unmittelbar oder mittelbar, sei es durch den Besitz von Anteilen deutscher, österreichisch-ungarischer, amerikanischer oder anderer Körperschaften oder infolge von Feindseligkeiten oder irgendwelchen Kriegshandlungen oder auf andere Weise erlitten haben, ferner solchen Personen, die zu den Vereinigten Staaten von Amerika in einem dauernden Treuverhältnis stehen, das Meistbegünstigungsrecht in allen Angelegenheiten, betreffend Niederlassung, Geschäftsbetrieb, Berufsausübung, Verkehr, Schiffahrt, Handel und gewerbliche Schutzrechte, zugestanden haben, einerlei, ob dieses Recht auf die Nationalität abgestellt oder sonstwie bestimmt ist; endlich bis die Kaiserlich Deutsche Regierung beziehungsweise die K. u. K. Österreichisch-Ungarische Regierung oder ihr Nachfolger oder ihre Nachfolger den Vereinigten Staaten von Amerika gegenüber alle von diesen während des Krieges auferlegten oder verfügten Strafgelder, Verwirkungen, Bußen und Beschlagnahmen bestätigt haben, gleichviel ob diese Eigentum der Kaiserlich Deutschen Regierung oder deutscher Staatsangehöriger oder der K. u. K. Österreichisch-Ungarischen Regierung oder österreichisch-ungarischer Staatsangehöriger betreffen, und bis sie auf allen und jeden Geldanspruch gegen die Vereinigten Staaten von Amerika verzichtet haben."

Being desirous of restoring the friendly relations existing between the two Nations prior to the outbreak of war:

Have for that purpose appointed their plenipotentiaries:

THE PRESIDENT OF THE GERMAN EMPIRE

Dr. Friedrich Rosen, Minister for Foreign Affairs,

and

THE PRESIDENT OF THE UNITED STATES OF AMERICA

Ellis Loring Dresel, Commissioner of the United States of America to Germany,

Who, having communicated their full powers, found to be in good and due form, have agreed as follows:

ARTICLE I.

Germany, undertakes to accord to the United States, and the United States shall have and enjoy, all the rights, privileges, indemnities, reparations or advantages specified in the aforesaid Joint Resolution of the Congress of the United States of July 2, 1921, including all the rights and advantages stipulated for the benefit of the United States in the Treaty of Versailles which the United States shall fully enjoy notwithstanding the fact that such Treaty has not been ratified by the United States.

ARTICLE II.

Whit a view to defining more particulary the obligations of Germany under the foregoing Article with respect to certain provisions in the Treaty of Versailles, it is understood and agreed between the High Contracting Parties:

(1) That the rights and advantages stipulated in that Treaty for

In dem Wunsche, die freundschaftlichen Beziehungen, die vor Ausbruch des Krieges zwischen den beiden Nationen bestanden haben, wiederherzustellen.

Haben zu diesem Zwecke zu ihren Bevollmächtigten bestellt:

der Präsident des Deutschen Reichs

den Reichsminister des Auswärtigen, Herrn Dr. Friedrich Rosen

und

der Präsident der Vereinigè ten Staaten von Amerika

den Kommissioner der Vereinigten Staaten von Amerika in Deutschland, Herrn Ellis Loring Dresel.

Diese haben nach Austausch ihrer für gut und richtig befundenen Vollmachten folgendes vereinbart:

Artikel I.

Deutschland verpflichtet sich, den Vereinigten Staaten zu gewähren und die Vereinigten Staaten sollen besitzen und genießen alle Rechte, Privilegien, Entschädigungen, Reparationen oder Vorteile, die in dem vorgenannten gemeinschaftlichen Beschlusse des Kongresses der Vereinigten Staaten vom 2. Juli 1921 näher bezeichnet sind, mit Einschluß aller Rechte und Vorteile, die zugunsten der Vereinigten Staaten in dem Vertrag von Versailles festgesetzt sind und die die Vereinigten Staaten in vollem Umfange genießen sollen, ungeachtet der Tatsache, daß dieser Vertrag von den Vereinigten Staaten nicht ratifiziert worden ist.

Artikel II.

In der Absicht, die Verpflichtungen Deutschlands gemäß dem vorhergehenden Artikel mit Beziehung auf gewisse Bestimmungen des Vertrags von Versailles näher zu bestimmen, besteht Einverständnis und Einigung zwischen den Hohen Vertragschließenden Teilen darüber:

1. daß die Rechte und Vorteile, die in jenem Vertrage zugunsten der

the benefit of the United States, which it is intended the United States shall have and enjoy, are those defined in Section 1, of Part IV, and Parts V, VI, VIII, IX, X, XI, XII, XIV, and XV.

The United States in availing itself of the rights and advantages stipulated in the provisions of that Treaty mentioned in this paragraph will do so in a manner consistent with the rights accorded to Germany under such provisions.

(2) That the United States shall not be bound by the provisions of Part I of that Treaty, nor by any provisions of that Treaty including those mentioned in Paragraph (1) of this Article, which relate to the Covenant of the League of Nations, nor shall the United States be bound by any action taken by the League of Nations, or by the Council or by the Assembly thereof, unless the United States shall expressly give its assent to such action.

(3) That the United States assumes no obligations under or with respect to the provisions of Part II, Part III, Sections 2 to 8 inclusive of Part IV, and Part XIII of that Treaty.

(4) That, while the United States is privileged to participate in the Reparation Commission, according to the terms of Part VIII of that Treaty, and in any other Commission established under the Treaty or under any agreement supplemental thereto, the United States is not bound to participate in any such commission unless it shall elect to do so.

(5) That the periods of time to which reference is made in Article

Vereinigten Staaten festgesetzt sind und die die Vereinigten Staaten besitzen und genießen sollen, diejenigen sind, die in Abschnitt 1 des Teiles IV und in den Teilen V, VI, VIII, IX, X, XI, XII, XIV und XV aufgeführt sind.

Wenn die Vereinigten Staaten die in den Bestimmungen jenes Vertrags festgesetzten und in diesem Paragraphen erwähnten Rechte und Vorteile für sich in Anspruch nehmen, werden sie dies in einer Weise tun, die mit den Deutschland nach diesen Bestimmungen zustehenden Rechten im Einklang steht;

2. daß die Vereinigten Staaten nicht an die Bestimmungen des Teiles I jenes Vertrags noch an irgendwelche Bestimmungen jenes Vertrags, mit Einschluß der in Nr. 1 dieses Artikels erwähnten, gebunden sein sollen, die sich auf die Völkerbundssatzung beziehen, daß auch die Vereinigten Staaten durch keine Maßnahme des Völkerbundes, des Völkerbundsrates oder der Völkerbundsversammlung gebunden sein sollen, es sei denn, daß die Vereinigten Staaten ausdrücklich ihre Zustimmung zu einer solchen Maßnahme geben;

3. daß die Vereinigten Staaten keine Verpflichtungen aus den Bestimmungen des Teiles II, Teiles III, der Abschnitte 2 bis einschließlich 8 des Teiles IV und des Teiles XIII des bezeichneten Vertrags oder mit Beziehung auf diese Bestimmungen übernehmen;

4. daß, während die Vereinigten Staaten berechtigt sind, an der Reparationskommission gemäß den Bestimmungen des Teiles VIII jenes Vertrags und an irgendeiner anderen auf Grund des Vertrags oder eines ergänzenden Übereinkommens eingesetzten Kommission teilzunehmen, die Vereinigten Staaten nicht verpflichtet sind, sich an irgendeiner solchen Kommission zu beteiligen, es sei denn, daß sie dies wollen;

5. daß die im Art. 440 des Vertrags von Versailles erwähnten Fri-

440 of the Treaty of Versailles shall run, with respect to any act or election on the part of the United States, from the date of the coming into force of the present Treaty.

ARTICLE III.

The present Treaty shall be ratified in accordance with the constitutional forms of the High Contracting Parties and shall take effect immediately on the exchange of ratifications which shall take place as soon as possible at Berlin.

IN WITNESS WHEREOF, the respective plenipotentiaries have signed this Treaty and have hereunto affixed their seals.

Done in duplicate in Berlin this twentyfifth day of August 1921.

Rosen.
Ellis Loring Dresel.

sten, soweit sie sich auf eine Maßnahme oder Entschließung der Vereinigten Staaten beziehen, mit dem Inkrafttreten des gegenwärtigen Vertrags zu laufen beginnen sollen.

Artikel III.

Der gegenwärtige Vertrag soll gemäß den verfassungsrechtlichen Formen der Hohen Vertragschließenden Teile ratifiziert werden und soll sofort mit Austausch der Ratifikationsurkunden, der sobald als möglich in Berlin stattfinden wird, in Kraft treten.

Zu Urkund dessen haben die beiderseitigen Bevöllmächtigten diesen Vertrag unterzeichnet und ihre Siegel beigefügt.

Ausgefertigt in doppelter Urschrift in Berlin am 25. August 1921.

Rosen.
Ellis Loring Dresel.

RGBl. 1921 Nr. 103 S. 317—1323 (ausgegeben zu Berlin, den 30. Oktober 1921).

b) Bekanntmachung, betr. die Ratifikation des am 25. August 1921 unterzeichneten Vertrags zwischen Deutschland und den Vereinigten Staaten von Amerika. Vom 17. November 1921.

Der am 25. August 1921 in Berlin unterzeichnete Vertrag zwischen Deutschland und den Vereinigten Staaten von Amerika (RGBl. S. 1317 ff.) ist ratifiziert worden. Der Austausch der Ratifikationsurkunden hat am 11. November 1921 in Berlin stattgefunden.

Berlin, den 17. November 1921.

Der Reichsminister des Auswärtigen.
In Vertretung.
Haniel.

RGBl. 1921 Nr. 110 S. 1369.

5. Abkommen zwischen dem Deutschen Reiche und Dänemark, betreffend den gegenseitigen Schutz der Muster und Modelle. Vom 12. Juni 1909.

Art. 1. Der Schutz der Muster und Modelle in dem Gebiete jedes der vertragschließenden Teile soll unabhängig davon gewährt werden, ob die Ausführung oder Nachbildung des Musters oder Modells in dem Gebiete des einen oder des anderen Teiles erfolgt.

Demgemäß soll auch die Einfuhr einer in dem Gebiete des einen Teiles hergestellten Ware in das Gebiet des anderen Teiles in dem letzteren den Verlust des auf Grund eines Musters oder Modells für die Ware gewährten Schutzrechts nicht zur Folge haben.

Art. 2. Das gegenwärtige Übereinkommen soll ratifiziert werden, und der Austausch der Ratifikationsurkunden soll sobald als möglich in Berlin erfolgen.

Das Übereinkommen tritt am dreißigsten Tage nach der Auswechslung der Ratifikationsurkunden in Kraft und bleibt bis zum Ablaufe von sechs Monaten nach erfolgter Kündigung von seiten eines der vertragschließenden Teile in Wirksamkeit.

Zu Urkund dessen haben die beiderseitigen Bevollmächtigten das gegenwärtige Übereinkommen in doppelten, in deutscher und dänischer Sprache ausgefertigten Originalen unterzeichnet und gesiegelt.

So geschehen in Berlin, den 12. Juni 1909.

(L. S.) Freiherr von Schoen.
(L. S.) Hegermann - Lindencrone.

Das vorstehende Abkommen ist ratifiziert worden, und die Auswechslung der Ratifikationsurkunden hat am 13. August 1909 in Berlin stattgefunden.

RGBl. Nr. 50 vom 24. August 1909.

6. Handelsvertrag mit Frankreich vom 2. August 1862.

Pr. GS. S. 333 Jahrgang 1865; Artikel 11 der zusätzlichen Übereinkunft zu dem Friedensvertrag zwischen Deutschland und Frankreich vom 12. Oktober 1871 (RGBl. S. 363) und Deklaration vom 8. Oktober 1873 zu Artikel 11 (RGBl. S. 365).

Art. 28. „In betreff der Bezeichnung oder Etikettierung der Waren oder deren Verpackung, der Muster und der Fabrik- oder Handelszeichen sollen die Untertanen eines jeden der vertragschließenden Staaten in dem anderen denselben Schutz wie die Inländer genießen.

Wegen des Gebrauchs der Fabrikzeichen des einen Landes in dem anderen soll eine Verfolgung nicht stattfinden, wenn die erste Anwendung dieser Fabrikzeichen in dem Lande, aus welchem die Ausfuhr der Erzeugnisse erfolgt, in eine frühere Zeit fällt, als die durch Niederlegung oder auf andere Weise bewirkte Aneignung dieser Zeichen in dem Lande der Einfuhr.“

7. Bekanntmachung, betreffend die Übereinkunft mit den Vereinigten Staaten von Venezuela wegen gegenseitigen Markenschutzes. Vom 8. Dezember 1883.

(RGBl. S. 339.)

Zwischen dem Deutschen Reich und den Vereinigten Staaten von Venezuela ist durch Auswechslung von Erklärungen der beiderseitigen Regierungen eine Übereinkunft dahin getroffen worden, daß bezüglich der Fabrik- und Handelsmarken die Angehörigen des Deutschen Reichs in den Vereinigten Staaten von Venezuela und die venezolanischen Bürger in Deutschland denselben Schutz wie die eigenen Angehörigen genießen sollen, daß ferner die Angehörigen des einen Landes, um in dem anderen ihren Fabrik- und Handelsmarken den Schutz zu sichern, die in diesem Lande durch die Gesetzgebung vorgeschriebenen Förmlichkeiten zu erfüllen haben. Die Übereinkunft soll vom Tage ihrer Bekanntmachung an in Anwendung treten. Dies wird mit Bezug auf § 20 des Gesetzes über Markenschutz vom 30. November 1874 (jetzt § 23 Abs. 1 des Gesetzes zum Schutze der Warenbezeichnungen vom 12. Mai 1894) hierdurch veröffentlicht.

Berlin, den 8. Dezember 1883.

Der Reichskanzler.

8. Handels- und Schiffahrtsvertrag zwischen Deutschland und Portugal vom 30. November 1908, ratifiziert am 21. Mai 1910.

(RGBl. 1910 S. 679.)

Schlußprotokoll.

4. Um im inneren Verkehr des Deutschen Reiches zu verhindern, daß Weine unter der Bezeichnung Portwein oder Madeirawein zum Verkauf kommen, die nicht Erzeugnisse der betreffenden portugiesischen Bezirke des Douro und der Insel Madeira und nicht über die Häfen von Porto und Funchal mit Ursprungs- und Reinheitszeugnissen der zuständigen portugiesischen Behörden verschifft worden sind, sollen für den inneren deutschen Verkehr die Namen Porto (Oporto, Portwein oder ähnliche Zusammensetzungen) und Madeira (Madeirawein oder ähnliche Zusammensetzungen) für die obengenannten und in den betreffenden portugiesischen Bezirken des Douro und der Insel Madeira erzeugten Weine als Ursprungsbezeichnungen im strengen Sinne anerkannt werden. Es wird folglich im inneren Verkehr des Reichs der Verkauf von Weinen, die nicht Erzeugnisse der betreffenden portugiesischen Bezirke sind, unter der Bezeichnung Porto (Oporto, Portwein oder ähnliche Zusammensetzungen) und Madeira (Madeirawein oder ähnliche Zusammensetzungen) nach Maßgabe der deutschen Gesetze als Zuwiderhandlung angesehen und verfolgt.

9. Bekanntmachung, betreffend den Schutz deutscher Warenbezeichnungen in Costa Rica. Vom 1. Oktober 1901.

(Reichsanz. vom 8. Oktober 1921, Nr. 239.)

Auf Grund einer Vereinbarung mit der Regierung von Costa Rica wird hierdurch unter Hinweis auf § 23 des Gesetzes zum Schutze der Warenbezeichnungen vom 12. Mai 1894 (RGBl. S. 441) bekannt gemacht, daß in Costa Rica deutsche Warenbezeichnungen in gleichem Umfange wie inländische Warenbezeichnungen zum gesetzlichen Schutze zugelassen werden.

Berlin, den 1. Oktober 1901.

Der Reichskanzler.
Im Auftrage: Rothe.

10. Bekanntmachung, betreffend den Schutz deutscher Warenbezeichnungen in Argentinien. Vom 13. März 1909.

Diese Bekanntmachung stimmt mit der obigen über Costa Rica überein.

11. Bekanntmachung, betreffend den gegenseitigen Schutz von Verbandszeichen im Deutschen Reiche und in Dänemark. Vom 1. Oktober 1913.

Auf Grund des § 24h des Gesetzes zum Schutze der Warenbezeichnungen vom 12. Mai 1894 (Artikel III des Gesetzes zur Ausführung der revidierten Pariser Übereinkunft vom 2. Juni 1911 zum Schutze des gewerblichen Eigentums vom 31. März 1913, RGBl. S. 236) wird hierdurch bekanntgemacht, daß in bezug auf den Schutz von Verbandszeichen die Gegenseitigkeit in dem Verhältnis zwischen dem Deutschen Reiche und Dänemark verbürgt ist.

Berlin, den 1. Oktober 1913.

Der Reichskanzler.
Im Auftrage: von Jonquières.

RGBl. 1913 S. 709.

12. Friedensvertrag und Schiffahrtsabkommen zwischen dem Deutschen Reiche und Finnland vom Jahre 1918 und Handels- und Schiffahrtsabkommen zwischen Deutschland und Finnland.

a) *Friedensvertrag*[1]).

Art. 1. Die vertragschließenden Teile erklären, daß zwischen Deutschland und Finnland kein Kriegszustand besteht und daß sie entschlossen sind, fortan in Frieden und Freundschaft miteinander zu leben.

Deutschland wird dafür eintreten, daß die Selbständigkeit und Unabhängigkeit Finnlands von allen Mächten anerkannt wird. Dagegen wird Finnland keinen Teil seines Besitzstandes an eine fremde Macht abtreten noch einer solchen Macht ein Servitut an seinem Hoheitsgebiet einräumen, ohne sich vorher mit Deutschland darüber verständigt zu haben.

Art. 5. Die infolge des Krieges außer Kraft getretenen Verträge zwischen Deutschland und Rußland sollen für die Beziehungen zwischen den vertragschließenden Teilen tunlichst bald durch neue Verträge ersetzt werden, die den veränderten Anschauungen und Verhältnissen entsprechen. Insbesondere werden die beiden Teile alsbald in Verhandlungen treten, um einen Handels- und Schiffahrtsvertrag abzuschließen.

Einstweilen werden die Verkehrsbeziehungen zwischen den beiden Ländern durch ein gleichzeitig mit dem Friedensvertrage zu unterzeichnendes Handels- und Schiffahrtsabkommen geregelt werden.

Art. 7. Alle in dem Gebiet eines vertragschließenden Teiles bestehenden Bestimmungen, wonach mit Rücksicht auf den Kriegszustand die Angehörigen des anderen Teiles in Ansehung ihrer Privatrechte irgendwelcher besonderen Regelung unterliegen (Kriegsgesetze), treten mit der Bestätigung dieses Vertrags außer Anwendung.

Als Angehörige eines vertragschließenden Teiles gelten auch solche juristische Personen und Gesellschaften, die in seinem Gebiet ihren Sitz haben. Ferner sind den Angehörigen eines Teiles juristische Personen und Gesellschaften, die in seinem Gebiete nicht ihren Sitz haben, insoweit gleichzustellen, als sie im Gebiete des anderen Teiles den für diese Angehörigen geltenden Bestimmungen unterworfen waren.

Art. 10. Urheberrechte, gewerbliche Schutzrechte, Konzessionen und Privilegien sowie ähnliche Ansprüche auf öffentlich rechtlicher Grundlage, die durch Kriegsgesetze beeinträchtigt worden sind, werden wiederhergestellt, soweit sich nicht aus dem Art. 12 ein anderes ergibt.

Jeder vertragschließende Teil wird den Angehörigen des anderen Teiles, die aus Anlaß des Krieges eine gesetzliche Frist für die Vornahme einer zur Begründung oder Erhaltung eines gewerblichen Schutzrechts erforderlichen Handlung versäumt haben, unbeschadet wohlerworbener Rechte Dritter, für die Nachholung der Handlung eine Frist von mindestens einem Jahre nach der Bestätigung des Friedensvertrags gewähren. Gewerbliche Schutzrechte der Angehörigen des einen Teiles, die bei Kriegsausbruch in Kraft waren, sollen im Gebiete des anderen Teiles wegen Nichtausübung nicht vor Ablauf von vier Jahren nach der Bestätigung dieses Vertrags verfallen.

Wenn in dem Gebiet eines der vertragschließenden Teile ein gewerbliches Schutzrecht, das nach Kriegsgesetzen nicht angemeldet werden konnte, von demjenigen, der es während des Krieges in dem Gebiete des anderen Teiles vorschriftsmäßig angemeldet hat, binnen sechs Monaten nach der

---

[1]) RGBl. 1918 Nr. 85 S. 701ff., ausgegeben am 2. Juli 1918 (auszugsweise, soweit der gewerbliche Rechtsschutz in Frage kommt).

Bestätigung des Friedensvertrags unter Beanspruchung der Priorität dieser Anmeldung angemeldet wird, so soll die Anmeldung, vorbehaltlich der Rechte Dritter, allen inzwischen eingereichten Anmeldungen vorgehen und durch inzwischen eingetretene Tatsachen nicht unwirksam gemacht werden können.

Art. 11. Die Fristen für die Verjährung von Rechten sollen im Gebiete jedes vertragschließenden Teiles gegenüber den Angehörigen des anderen Teiles, falls sie zur Zeit des Kriegsausbruchs noch nicht abgelaufen waren, frühestens ein Jahr nach der Bestätigung des Friedensvertrags ablaufen. Das gleiche gilt von den Fristen zur Vorlegung von Zinsscheinen und Gewinnanteilscheinen sowie von ausgelosten oder sonst zahlbar gewordenen Wertpapieren.

Art. 12. Die Tätigkeit der Stellen, die auf Grund von Kriegsgesetzen mit der Beaufsichtigung, Verwahrung, Verwaltung oder Liquidation von Vermögensgegenständen oder der Annahme von Zahlungen befaßt worden sind, soll, unbeschadet der Bestimmungen des Art. 13, nach Maßgabe der nachstehenden Grundsätze abgewickelt werden.

§ 1. Die beaufsichtigten, verwahrten oder verwalteten Vermögensgegenstände sind auf Verlangen des Berechtigten unverzüglich freizugeben; bis zur Übernahme durch den Berechtigten ist für eine Wahrung seiner Interessen zu sorgen.

§ 2. Die Bestimmungen des § 1 sollen wohlerworbene Rechte Dritter nicht berühren. Zahlungen und sonstige Leistungen eines Schuldners, die von den im Eingang dieses Artikels erwähnten Stellen oder auf deren Veranlassung entgegengenommen worden sind, sollen in den Gebieten der vertragschließenden Teile die gleiche Wirkung haben, wie wenn sie der Gläubiger selbst empfangen hätte.

Privatrechtliche Verfügungen, die von den bezeichneten Stellen oder auf deren Veranlassung oder ihnen gegenüber vorgenommen worden sind, bleiben mit Wirkung für beide Teile aufrechterhalten.

§ 3. Über die Tätigkeit der im Eingang dieses Artikels erwähnten Stellen, insbesondere über die Einnahmen und Ausgaben, ist den Berechtigten auf Verlangen unverzüglich Auskunft zu erteilen.

Ersatzansprüche wegen der Tätigkeit dieser Stellen oder wegen der auf ihre Veranlassung vorgenommenen Handlungen können nur gemäß den Bestimmungen des Art. 14 geltend gemacht werden.

Art. 14. Der Angehörige eines vertragschließenden Teiles, der im Gebiete des anderen Teiles infolge von Kriegsgesetzen durch die zeitweilige oder dauernde Entziehung von Konzessionen, Privilegien und ähnlichen Ansprüchen oder durch die Beaufsichtigung, Verwahrung, Verwaltung oder Veräußerung von Vermögensgegenständen einen Schaden erlitten hat, ist in angemessener Weise zu entschädigen, soweit der Schaden nicht durch Wiedereinsetzung in den vorigen Stand ersetzt wird. Dies gilt auch von Aktionären, die wegen ihrer Eigenschaft als feindliche Ausländer von einem Bezugsrecht ausgeschlossen worden sind.

Art. 17. Zur Feststellung der nach Art. 14, 15 zu ersetzenden Schäden soll alsbald nach der Bestätigung des Friedensvertrags eine Kommission in Berlin zusammentreten, die zu je einem Drittel aus Vertretern der beiden Teile und neutralen Mitgliedern gebildet wird; um die Bezeichnung der neutralen Mitglieder, darunter des Vorsitzenden, wird der Präsident des Schweizerischen Bundesrats gebeten werden.

Die Kommission stellt die für ihre Entscheidungen maßgebenden Grundsätze auf; auch erläßt sie die zur Erledigung ihrer Aufgaben erforderliche Geschäftsordnung und die Bestimmungen über das dabei einzuschlagende

Verfahren. Ihre Entscheidungen erfolgen in Unterkommissionen, die aus je einem Vertreter der beiden Teile und einem neutralen Obmann gebildet werden. Die von den Unterkommissionen festgestellten Beträge sind innerhalb eines Monats nach der Feststellung zu bezahlen.

Art. 31. Dieser Friedensvertrag wird bestätigt werden. Die Bestätigungsurkunden sollen tunlichst bald in Berlin ausgetauscht werden.

Art. 32. Der Friedensvertrag tritt, soweit darin nicht ein anderes bestimmt ist, mit seiner Bestätigung in Kraft.

Zur Ergänzung des Vertrags werden binnen vier Monaten nach der Bestätigung Vertreter der vertragschließenden Teile in Berlin zusammentreten.

Zu Urkund dessen haben die beiderseitigen Bevollmächtigten den gegenwärtigen Vertrag unterzeichnet und ihre Siegel beigedrückt.

Ausgefertigt in doppelter Urschrift in Berlin am 7. März 1918.

b) Handels- und Schiffahrtsabkommen.

Art. 13. Um die Rechtsbeziehungen zwischen beiden Ländern hinsichtlich des Schutzes des gewerblichen Eigentums und des Urheberrechts mit den im internationalen Verkehr anerkannten Rechtsgrundsätzen in Einklang zu bringen, verpflichten sich beide Regierungen, daß zur Gewährung eines gegenseitigen Schutzes die zuletzt international vereinbarten Regeln, und zwar:

1. für den Schutz auf dem Gebiete des gewerblichen Eigentums die Bestimmungen der revidierten Pariser Übereinkunft vom 2. Juni 1911,

2. für den Schutz auf dem Gebiete des literarischen und künstlerischen Urheberrechts die Bestimmungen der revidierten Berner Übereinkunft vom 13. November 1908

derart maßgebend sein sollen, als ob sie Inhalt dieses Vertrags wären.

Art. 15. Die vertragschließenden Teile behalten sich vor, zur Regelung der Konsularverhältnisse, der Nachlässe, des Rechtsschutzes und der Rechtshilfe in bürgerlichen Angelegenheiten tunlichst bald Verträge abzuschließen, die den Anschauungen und den Verhältnissen der Gegenwart entsprechen. Bis zum Inkrafttreten dieser Verträge sollen zwischen den beiden Ländern die Bestimmungen der nachstehenden Vereinbarungen Anwendung finden:

1. des deutsch-russischen Konsularvertrags vom $\frac{\text{8. Dezember}}{\text{26. November}}$ 1874,

2. der deutsch-russischen Konvention über die Regulierung von Hinterlassenschaften vom $\frac{\text{12. November}}{\text{31. Oktober}}$ 1874,

3. des Haager Abkommens über den Zivilprozeß vom 17. Juli 1905 und des Notenwechsels, betreffend die wechselseitige Befreiung des Deutschen Reichs und Rußlands von der ihnen für Ausländer in Rechtsstreitigkeiten obliegenden Verpflichtung zur Sicherheitsleistung, Vorschußzahlung und Gebührenentrichtung, vom $\frac{\text{8. September}}{\text{27. August}}$ 1897.

Art. 17. Dieses Abkommen soll zwei Wochen nach dem Austausch der Bestätigungsurkunden in Wirksamkeit treten und bis zur Inkraftsetzung eines Handels- und Schiffahrtsvertrags, über dessen Abschluß die vertragschließenden Teile tunlichst bald in Verhandlungen treten werden, in Geltung bleiben.

Sollte bis zum 31. Dezember 1920 der Handels- und Schiffahrtsvertrag nicht abgeschlossen und in Kraft getreten sein, so soll jeder der vertragschließenden Teile befugt sein, das gegenwärtige Abkommen mit einjähriger Frist zu kündigen.

Art. 18. Dieses Abkommen wird bestätigt werden. Die Bestätigungsurkunden sollen tunlichst bald in Berlin ausgetauscht werden.

Zu Urkund dessen haben die beiderseitigen Bevollmächtigten das gegenwärtige Abkommen unterzeichnet und ihre Siegel beigedrückt.

Ausgefertigt in doppelter Urschrift in Berlin, am 7. März 1918.

Im RGBl. 1918 S. 720 ist unter dem 28. Juni 1918 vom Reichskanzler bekanntgemacht, daß der Friedensvertrag und das Handels- und Schiffahrtsabkommen mit Finnland ratifiziert worden sind und der Austausch der Ratifikationsurkunden am 25. Juni 1918 in Berlin erfolgt ist.

13. Gesetz, betreffend die deutsch-chinesischen Vereinbarungen über die Wiederherstellung des Friedenszustandes. Vom 5. Juli 1921.

(RGBl. 1921 Nr. 71 S. 829ff.)

Die Vereinbarungen betreffen unter anderem:

1. die Abschaffung der Konsulargerichtsbarkeit in China;

2. das Rechts der beiderseitigen Staatsangehörigen, die im Gebiete des anderen Teiles sich aufhalten, in Übereinstimmung mit den Gesetzen und Verordnungen des Landes zu reisen, sich niederzulassen und Handel oder Industrie zu betreiben an allen Orten, wo Staatsangehörige einer anderen Nation es tun können;

3. die Unterwerfung der beiderseitigen Staatsangehörigen betreffs ihrer Person und ihres Vermögens unter die Gerichtsbarkeit der örtlichen Gerichte sowie deren steuerliche Gleichbehandlung;

4. die Aufhebung der chinesischen Bestimmungen über den Handel mit dem Feinde, insbesondere die Wiederinkraftsetzung der früher beim Seezollamt eingetragenen deutschen Handelsmarken, die Einstellung der Liquidation deutschen Eigentums sowie die Zurückgabe der Liquidationserlöse und des einbehaltenen Eigentums an die Eigentümer.

Die Vereinbarungen sind am 1. Juli 1921 in Kraft getreten.

14. Gesetz über das am 15. Mai 1922 in Genf geschlossene deutsch-polnische Abkommen über Oberschlesien. Vom 11. Juni 1922.

Der Reichstag hat das folgende Gesetz beschlossen, das mit Zustimmung des Reichsrats hiermit verkündet wird:

Art. 1. Dem am 15. Mai 1922 unterzeichneten deutsch-polnischen Abkommen über Oberschlesien sowie dem dazugehörigen Schlußprotokoll vom gleichen Tage wird zugestimmt. Das Abkommen und das Schlußprotokoll werden nebst einer deutschen Übersetzung nachstehend veröffentlicht.

Art. 2. Die zur Ausführung des Abkommens und des Schlußprotokolls erforderlichen Rechtsverordnungen und allgemeinen Verwaltungsvorschriften erläßt die Reichsregierung, die dazu der Zustimmung des Reichsrats bedarf, wenn die Ausführung den Landesbehörden zusteht. Die Landesregierung erläßt sie, soweit das Abkommen und das Schlußprotokoll sich ausschließlich auf Gegenstände der Landesgesetzgebung beziehen.

Diese Ermächtigung kann auf nachgeordnete Behörden übertragen werden.

Art. 3. Dieses Gesetz tritt mit dem Tage der Verkündung in Kraft.

Freudenstadt, den 11. Juni 1922.

Der Reichspräsident.
Ebert.

Der Reichsminister des Auswärtigen.
Dr. Rathenau.

Deutsch-polnisches Abkommen über Oberschlesien vom 15. Mai 1922.

Teil I. Allgemeine Bestimmungen.

Titel I. Das geltende Recht.

Artikel 1.

§ 1. (1) Soweit sich nicht aus dem Wechsel der Staatshoheit ein anderes ergibt, bleiben in dem an Polen fallenden Teile des Abstimmungsgebiets die dort zur Zeit des Überganges der Staatshoheit geltenden materiellrechtlichen Bestimmungen mit den aus dem Wechsel der Staatshoheit folgenden Abweichungen während eines Zeitraums von fünfzehn Jahren in Kraft.

(2) Die Vorschrift des Abs. 1 gilt insbesondere für die Bestimmungen die sich auf das Bergwesen, das Gewerbe, den Handel oder das Arbeitsrecht, einschließlich des Überwachungssystems beziehen.

§ 2. (1) Polen ist jedoch berechtigt, während des erwähnten Zeitraums von fünfzehn Jahren die geltenden materiell-rechtlichen Bestimmungen durch andere Bestimmungen zu ersetzen, wenn diese in seinem ganzen Lande zur Anwendung kommen ...

Titel II. Schutz der erworbenen Rechte.

Artikel 4.

§ 1. (1) Unbeschadet der Bestimmungen des Art. 256 des Friedensvertrags von Versailles werden Deutschland und Polen die Rechte aller Art und insbesondere die Konzessionen und Privilegien, die vor dem Übergange der Staatshoheit von natürlichen Personen, Gesellschaften oder juristischen Personen erworben worden sind, auf ihrem Teile des Abstimmungsgebiets nach Maßgabe der für sie geltenden Gesetze und der nachfolgenden Bestimmungen anerkennen und achten.

§ 2. Die Anerkennung und Achtung der erworbenen Rechte schließt insbesondere die Einhaltung folgender Grundsätze in sich:

1. Maßnahmen außerhalb der allgemeinen Gesetzgebung sind unzulässig, wenn sie nicht auch auf die eigenen Staatsangehörigen Anwendung finden.

2. Die Rechtsverfolgung, d. h. die Anrufung der Gerichte, der Verwaltungsgerichte oder der im Instanzenzuge zuständigen Verwaltungsbehörden darf durch eine Änderung der Gesetzgebung nicht ausgeschlossen werden.

3. Werden Konzessionen oder Privilegien, die für im Abstimmungsgebiete gelegene oder zu errichtende Anlagen, Betriebe, Anstalten oder Unternehmungen erteilt worden sind, oder die sich auf einen im Abstimmungsgebiete belegenen Gegenstand beziehen (örtlich gebundene Konzessionen oder Privilegien), oder werden nicht auf Verleihung beruhende subjektive Rechte, einschließlich Forderungen, bei denen auch nur einer der im § 269 des Deutschen Bürgerlichen Gesetzbuchs genannten Erfüllungsorte im Abstimmungsgebiete liegt, durch Anwendung allgemeiner Gesetze oder Anordnungen aufgehoben oder beeinträchtigt, so ist der Staat, der die Gesetze anwendet oder die Anordnungen trifft, zur vollen Entschädigung verpflichtet. Dies gilt nicht für vorübergehende Beschränkungen, die nach dem geltenden Recht jeder Rechtsinhaber dulden muß.

Teil IV. Die gemischte Kommission und das Schiedsgericht für Oberschlesien.

Artikel 563.

§ 1. (1) Das Schiedsgericht hat seinen Sitz in Beuthen; es besteht aus einem deutschen und einem polnischen Schiedsrichter sowie aus einem Präsidenten fremder Staatsangehörigkeit.

Kapitel II.

Das Schiedsgericht.

Artikel 587.

(1) Die Parteien können sich vor dem Schiedsgerichte durch einen bei einem deutschen oder einem polnischen Gerichte zugelassenen Rechtsanwalt oder einen Professor oder Privatdozenten einer deutschen oder polnischen Hochschule, sowie in Angelegenheiten des gewerblichen Rechtsschutzes durch einen deutschen oder polnischen Patentanwalt vertreten lassen. Die Geschäftsordnung des Schiedsgerichts bestimmt, inwieweit sie sich durch andere geeignete Personen vertreten lassen dürfen.

(2) Ist der Staat Partei, so kann er sich durch den Staatsvertreter vertreten lassen.

Schlußprotokoll.

V. Zu den subjektiven Rechten im Sinne des Artikel 4 § 2 Ziff. 3 gehören auch Patente und andere gewerbliche Schutzrechte. Polen wird diese Rechte nach Maßgabe der Bestimmungen dieses Artikels anerkennen und achten, ohne daß es einer neuen Anmeldung oder einer neuen Eintragung bedarf.

15. Bekanntmachung, betreffend den Markenschutz im Verhältnis zwischen dem Deutschen Reiche und Island. Vom 17. März 1923.

Zwischen dem Deutschen Reiche und Island ist durch Notenaustausch Einverständnis dahin festgestellt worden, daß mit Wirkung vom 15. Februar 1923 ab bis zum Ablauf von sechs Monaten nach Kündigung seitens eines der beiden Staaten die Angehörigen des einen der beiden Staaten in dem Gebiete des anderen in bezug auf den Schutz von Handels- oder Fabrikmarken dieselben Rechte wie die eigenen Angehörigen genießen, vorausgesetzt, daß sie die Förmlichkeiten erfüllen, welche die innere Gesetzgebung eines jeden der beiden Staaten den Inländern auferlegt.

Den Angehörigen im Sinne dieser Vereinbarung sind andere Personen gleichgestellt, welche in dem Gebiete des einen der beiden Staaten ihren Wohnsitz oder ihre gewerbliche oder Handelsniederlassung haben.

Dies wird mit Bezug auf § 23 Abs. 1 des Gesetzes zum Schutze der Warenbezeichnungen vom 12. Mai 1894 (RGBl. S. 441) bekanntgemacht.

Berlin, den 17. März 1923.

Der Reichsminister des Auswärtigen.
von Rosenberg.

RGBl. II Nr. 12 S. 179.

Island.

Verordnung über die Ausdehnung des durch das Gesetz vom 13. November 1903 gewährleisteten Warenzeichenschutzes auf das Deutsche Reich. Vom 5. April 1923.

Wir Christian X. usw.

Nachdem denen, die in Island Fabrikgewerbe, Handwerk, Ackerbau, Bergbau, Handel oder ein anderes Gewerbe betreiben, im Deutschen Reiche dieselbe Gelegenheit wie den eigenen Angehörigen geboten wird, Schutz für ihre Warenzeichen zu erhalten, verordnen wir kraft der im § 15 des Gesetzes, betreffend die Warenzeichen, vom 13. November 1903 gegebenen Ermächtigung folgendes:

Wer im Deutschen Reiche Fabrikgewerbe, Handwerk, Ackerbau, Bergbau, Handel oder ein anderes Gewerbe betreibt, soll des durch das Gesetz vom 13. November 1903 gewährleisteten Schutzes der Warenzeichen unter den folgenden Bedingungen teilhaftig werden:

1. Der Anmeldung ist der Nachweis beizufügen, daß der Antragsteller den Bedingungen genügt hat, die im Deutschen Reiche für den Genuß des Warenzeichenschutzes die Voraussetzung bilden.

2. Der Antragsteller soll sich dem unterwerfen, daß der Stadtbezirk von Reykjavik seinen Gerichtsstand für alle das Warenzeichen betreffenden Prozesse bildet; er hat ferner einen in Island ansässigen Vertreter zu bestellen, dem alle Prozeßsachen zuzustellen sind.

3. Das Warenzeichen soll keinen weitergehenden Schutz genießen oder für längere Zeit als im Deutschen Reiche.

4. Dem Warenzeichen soll dieselbe Darstellung zugrunde gelegt werden, die im Deutschen Reiche gesetzlich geschützt ist, es sei denn, daß diese den Regeln der guten Sitte oder der öffentlichen Ordnung widerspricht.

5. Wird ein Warenzeichen spätestens vier Monate nach seiner Anmeldung im Deutschen Reiche in Island zur Eintragung angemeldet, so wird anderen Anmeldungen gegenüber so gerechnet, als ob diese Anmeldung zu derselben Zeit erfolgt wäre, wie sie im Deutschen Reiche stattgefunden hat.

6. Wird die Eintragung gemäß § 5 Nr. 5[1]) des vorerwähnten Gesetzes vom 13. November 1903 verweigert und wird von dem Antragsteller gegen den, der das Zeichen vorher angemeldet und eingetragen erhalten hat, Klage erhoben und nachgewiesen, daß er dieses Zeichen als erster benutzt, der andere es aber später angenommen hat, so kann ihm durch Urteil das Recht zuerkannt werden, das Zeichen als ausschließliches eigenes Recht eingetragen zu erhalten und es für die Waren zu verwenden, für die er es, als der gegenseitige Schutz in beiden Ländern eintrat, vorher benutzt hat; indessen muß der Klageanspruch innerhalb sechs Monate seit Eintritt dieses Schutzes geltend gemacht werden. Dies tut jedoch in keiner Weise dem Rechte Abbruch, das in Artikel 11 Abs. 3[2]) des genannten Gestzzes gewährleistet ist.

Diese Verordnung tritt sofort in Kraft.

---

[1]) § 5 Nr. 5 bestimmt: Nicht eingetragen werden dürfen diejenigen Warenzeichen, welche mit einem für einen Dritten bereits eingetragenen oder ordnungsmäßig angemeldeten Warenzeichen übereinstimmen oder ihm so ähnlich sind, daß die Warenzeichen ungeachtet der etwa zwischen ihnen bestehenden Abweichungen in ihrer Gesamtheit verwechselt werden können; die Eintragung kann jedoch nicht versagt werden, wenn die Ähnlichkeit auf den in Art. 8 angegebenen Bestandteilen beruht (das sind: ausschließlich Ziffern, Buchstaben oder Wörter ohne hinreichend eigenartige Form, um als figürliche Marken betrachtet werden zu können, ausgenommen solche Wörter, die eine besonders erfundene Warenbezeichnung bilden und nicht bezwecken, die Herkunft, Art, Bestimmung, Menge oder den Preis der Ware anzugeben; ferner Freizeichen), oder wenn die Warenzeichen sich auf verschiedenartige Waren beziehen.

[2]) Art. 11 Abs. 3 bestimmt: Wenn die Eintragung eines Warenzeichens in Anwendung des Art. 5 Nr. 5 versagt worden ist und der Anmelder durch eine gegen den Inhaber des früher angemeldeten oder eingetragenen Warenzeichens gerichtete Klage dartun kann, daß dieses Warenzeichen bereits von ihm benutzt worden war, als der letztere es sich aneignete, so kann er durch Urteil sein Recht anerkennen lassen, daß sein Warenzeichen eingetragen werde und ihm dessen ausschließlicher Gebrauch

16. Bekanntmachung, betreffend den Markenschutz im Verhältnis zwischen dem Deutschen Reiche und Griechenland. Vom 24. April 1924.

Zwischen dem Deutschen Reiche und Griechenland ist durch Notenaustausch vom 21. März 1924 Einverständnis dahin festgestellt worden, daß mit sofortiger Wirkung bis zum Ablauf von sechs Monaten nach Kündigung seitens eines der beiden Staaten die Angehörigen des einen der beiden Staaten in dem Gebiete des anderen in bezug auf den Schutz von Handels- oder Fabrikmarken dieselben Rechte wie die eigenen Angehörigen genießen, vorausgesetzt, daß sie die Förmlichkeiten erfüllen, welche die innere Gesetzgebung eines jeden der beiden Staaten den Inländern auferlegt.

Den Angehörigen im Sinne dieser Vereinbarung sind andere Personen gleichgestellt, die in dem Gebiete des einen der beiden Staaten ihren Wohnsitz oder ihre gewerbliche oder Handelsniederlassung haben.

Dies wird mit Bezug auf § 23 Abs. 1 des Gesetzes zum Schutze der Warenbezeichnungen vom 12. Mai 1894 (RGBl. S. 441) und auf die Bekanntmachung vom 22. September 1894 (RGBl. S. 521) bekanntgemacht.

Berlin, den 24. April 1924.

Der Reichsminister des Auswärtigen.

In Vertretung.

Maltzan.

RGBl. II Nr. 16 S. 92.

17. Bekanntmachung, betreffend das Außerkrafttreten des Abkommens zur Regelung von Fragen des internationalen Privatrechts vom 14. November 1896 und des Zusatzprotokolls vom 22. Mai 1897 sowie das Inkrafttreten des Abkommens über den Zivilprozeß vom 17. Juli 1905. Vom 24. April 1909.

Das Abkommen zur Regelung von Fragen des internationalen Privatrechts vom 14. November 1896 (RGBl. 1899 S. 285) und das Zusatzprotokoll vom 22. Mai 1897 (RGBl. 1899 S. 295) werden infolge ihrer Kündigung von seiten des Reichs für dieses am 27. d. M. außer Kraft treten.

An ihrer Stelle wird an demselben Tage das nachstehend abgedruckte Abkommen über den Zivilprozeß vom 17. Juli 1905 gemäß den Bestimmungen seines Artikels 28 in Kraft treten. Das Abkommen ist von Deutschland, Österreich, Ungarn, Belgien, Dänemark, Spanien, Frankreich, Italien, Norwegen, den Niederlanden, Portugal, Rumänien, Rußland, Schweden und der Schweiz ratifiziert worden; die Hinterlegung der Ratifikationsurkunden ist am 24. d. M. im Haag erfolgt.

Berlin, den 24. April 1909.

Der Reichskanzler.

In Vertretung.

Freiherr von Schoen.

---

zustehe, wie er es im Zeitpunkt der ersten Anmeldung hätte tun können, unter der Bedingung, daß die entsprechende Klage erhoben wird innerhalb eines Jahres nach der Bekanntmachung der Eintragung des Warenzeichens in dem für amtliche Veröffentlichungen in Island bestimmten Blatte.

a) Abkommen über den Zivilprozeß. Vom 17. Juli 1905.

Abgedruckt im Blatt für Patent-, Muster- und Zeichenwesen 1909 S. 150ff.

Es bezieht sich auf die Vereinfachung des Rechtsverkehrs unter den beteiligten Staaten und ist in folgende Abschnitte eingeteilt:

I. Mitteilung gerichtlicher und außergerichtlicher Urkunden,
II. Ersuchungsschreiben,
III. Sicherheitsleistung für Prozeßkosten,
IV. Armenrecht,
V. Personalhaft,
VI. Schlußbestimmungen.

b) Gesetz zur Ausführung über den Zivilprozeß vom 17. Juli 1905. Vom 5. April 1909.

Abgedruckt im Blatt für Patent-, Muster- und Zeichenwesen 1909 S. 154.

c) Friedensvertrag von Versailles vom 28. Juni 1919.

Artikel 287.

Vom Zeitpunkt des Inkrafttretens des vorliegenden Vertrags an werden die vertragschließenden Mächte, soweit es sie angeht, das Haager Abkommen vom 17. Juli 1905, betreffend den Zivilprozeß, anwenden. Diese Wiederanwendung erstreckt sich indessen nicht auf Frankreich, Portugal und Rumänien.

18. Vertrag zwischen dem Deutschen Reiche und der Schweiz über die Beglaubigung öffentlicher Urkunden.

(RGBl. S. 411.)

Art. 1. Die von Gerichten des einen Teiles, mit Einschluß der Konsulargerichte, aufgenommenen, ausgestellten oder beglaubigten Urkunden bedürfen, wenn sie mit dem Siegel oder Stempel des Gerichts versehen sind, zum Gebrauch in dem Gebiete des anderen Teiles keiner Beglaubigung (Legalisation).

Zu den bezeichneten Urkunden gehören auch die von dem Gerichtsschreiber unterschriebenen Urkunden, sofern diese Unterschrift nach den Gesetzen des Teiles genügt, dem das Gericht angehört.

Art. 2. Urkunden, die von einer der in dem beigefügten Verzeichnis aufgeführten obersten und höheren Verwaltungsbehörden des einen der beiden Teile aufgenommen, ausgestellt oder beglaubigt und mit dem Siegel oder Stempel der Behörde versehen sind, bedürfen zum Gebrauch in dem Gebiete des anderen Teiles keiner Beglaubigung (Legalisation).

Das Verzeichnis kann im beiderseitigen Einverständnisse jederzeit auf dem Verwaltungswege durch Bekanntmachung geändert oder ergänzt werden.

Art. 3. Die Bestimmungen der Artikel 1 und 2 finden auch auf die deutschen Schutzgebiete Anwendung.

Sie finden entsprechende Anwendung, wenn Urkunden, die von Behörden des einen Teiles aufgenommen, ausgestellt oder beglaubigt sind, vor Behörden des anderen Teiles, die ihren Sitz außerhalb des Gebietes dieses Teiles haben, gebraucht werden.

Art. 4. Dieser Vertrag soll ratifiziert werden, und die Ratifikationsurkunden sollen in Berlin ausgewechselt werden.

Der Vertrag tritt einen Monat nach Auswechslung der Ratifikationsurkunden in Kraft und soll nach Kündigung, die jederzeit zulässig ist, noch drei Monate in Kraft bleiben.

Zu Urkund dessen haben die Bevollmächtigten diesen Vertrag in doppelter Ausfertigung unterzeichnet und mit ihren Siegeln versehen.

So geschehen in Berlin, den 14. Februar 1907.

(L. S.) von Tschirschky.
(L. S.) Alfred von Claparède.

a) Verzeichnis derjenigen Verwaltungsbehörden Deutschlands und der Schweiz, deren Beurkundungen zum Gebrauch im Gebiete des anderen Landes keiner Beglaubigung bedürfen.

I. Deutsches Reich.

A. Reichsbehörden.

1. Das Auswärtige Amt.
2. Die Gouverneure in den Schutzgebieten, der Vizegouverneur in Ponape (Ost-Karolinen), die Bezirksamtmänner in Jap (West-Karolinen), Saipan (Marianen) und Jaluit (Marschall-Inseln).

B. Behörden der Bundesstaaten.

I. Königreich Preußen.	1. Die Regierungspräsidenten. 2. Der Polizeipräsident in Berlin.
II. Königreich Bayern.	1. Das Staatsministerium des Königlichen Hauses und des Äußern. 2. Die Kreisregierungen.
III. Königreich Sachsen.	1. Das Ministerium der auswärtigen Angelegenheiten. 2. Die Kreishauptmannschaften.
IV. Königreich Württemberg.	1. Das Ministerium der auswärtigen Angelegenheiten. 2. Die Kreisregierungen.
V. Großherzogtum Baden.	Das Ministerium des Großherzoglichen Hauses und der auswärtigen Angelegenheiten.
VI. Großherzogtum Hessen.	Das Staatsministerium.
VII. Großherzogtum Mecklenburg-Schwerin.	Das Ministerium der auswärtigen Angelegenheiten.
VIII. Großherzogtum Sachsen.	Das Staatsministerium.
IX. Großherzogtum Mecklenburg-Strelitz.	Das Staatsminsterium.
X. Großherzogtum Oldenburg.	Das Staatsministerium.
XI. Herzogtum Braunschweig.	Das Staatsministerium.
XII. Herzogtum Sachsen-Meiningen.	Das Staatsministerium.
XIII. Herzogtum Sachsen-Altenburg.	Das Ministerium.
XIV. Herzogtum Sachsen-Koburg-Gotha.	Das Staatsministerium.
XV. Herzogtum Anhalt.	Das Staatsministerium.
XVI. Fürstentum Schwarzburg-Rudolstadt.	Das Ministerium.

XVII. Fürstentum Schwarzburg-Sondershausen.	Das Ministerium, Abteilung I.
XVIII. Fürstentum Waldeck und Pyrmont.	Der Landesdirektor.
XIX. Fürstentum Reuß älterer Linie.	Die Landesregierung.
XX. Fürstentum Reuß jüngerer Linie.	Das Ministerium.
XXI. Fürstentum Schaumburg-Lippe.	Das Ministerium.
XXII. Fürstentum Lippe.	Das Staatsministerium.
XXIII. Freie und Hansestadt Lübeck.	Der Senat und die Senatskanzlei.
XXIV. Freie Hansestadt Bremen.	Die Senatskommission für Reichs- und auswärtige Angelegenheiten.
XXV. Freie und Hansestadt Hamburg.	Die Senatskommission für die Reichs- und auswärtigen Angelegenheiten.
XXVI. Elsaß-Lothringen.	1. Das Ministerium für Elsaß-Lothringen. 2. Die Bezirkspräsidenten.

II. Die Schweiz.

A. Behörde der Eidgenossenschaft.

Die Bundeskanzlei.

B. Kantonale Behörden.

Kanton Zürich.	Die Staatskanzlei.
Kanton Bern.	Die Staatskanzlei.
Kanton Luzern.	Die Staatskanzlei.
Kanton Uri.	Die Standeskanzlei.
Kanton Schwyz.	Die Kantonskanzlei.
Kanton Unterwalden ob dem Wald.	DieStaatskanzlei u.Landammanamt.
Kanton Unterwalden nid dem Wald.	Die Standeskanzlei.
Kanton Glarus.	Die Regierungskanzlei.
Kanton Zug.	Die Regierungskanzlei.
Kanton Freiburg.	La Chancellerie d'Etat.
Kanton Solothurn.	Die Staatskanzlei.
Kanton Baselstadt.	Die Staatskanzlei.
Kanton Baselland.	Die Staatskanzlei.
Kanton Schaffhausen.	Die Staatskanzlei.
Kanton Appenzell a. Rh.	Die Kantonskanzlei.
Kanton Appenzell i. Rh.	Der Landamman und die Standeskommission.
Kanton St. Gallen.	Die Staatskanzlei.
Kanton Graubünden.	Die Standeskanzlei.
Kanton Aargau.	Die Staatskanzlei.
Kanton Thurgau.	Die Staatskanzlei.
Kanton Tessin.	La Chancellerie d'Etat.
Kanton Waadt.	La Chancellerie cantonale.
Kanton Wallis.	La Chancellerie d'Etat.
Kanton Neuenburg.	La Chancellerie d'Etat.
Kanton Genf.	La Chancellerie d'Etat.

Bekanntmachung, betreffend die Ratifikation des über die Beglaubigung öffentlicher Urkunden am 14. Februar 1907 zwischen dem Deutschen Reiche und der Schweiz unterzeichneten Vertrags über die Auswechslung der Ratifikationsurkunden, sowie die Änderung des dem Vertrage beigefügten Verzeichnisses von obersten und höheren Verwaltungsbehörden. Vom 19. Juli 1907.

Der vorstehend abgedruckte Vertrag zwischen dem Reiche und der Schweiz, betreffend die Beglaubigung öffentlicher Urkunden, ist ratifiziert worden. Die Auswechslung der Ratifikationsurkunden hat am 16. Juli 1907 in Berlin stattgefunden.

Das dem Vertrage beigefügte Verzeichnis wird im beiderseitigen Einverständnisse gemäß Artikel 2 Abs. 2 des Vertrags dahin abgeändert, daß in dem Abschnitte „Deutsches Reich“ unter B „Behörden der Bundesstaaten“ zu XIII „Herzogtum Sachsen-Altenburg“ statt: „Das Ministerium“ zu lesen ist: „Das Staatsministerium“ und daß in dem Abschnitte „Die Schweiz“ unter B „Kantonale Behörden“ bei „Kanton Unterwalden ob dem Wald“ statt: „Die Staatskanzlei und Landammannamt“ zu lesen ist: „Die Staatskanzlei und das Landammannamt“.

Berlin, den 19. Juli 1907.

Der Reichskanzler.
In Vertretung:
von Tschirschky.

b) Bekanntmachung, betreffend die im Anschluß an das Haager Abkommen über den Zivilprozeß vom 17. Juli 1905 von Deutschland mit der Schweiz zur weiteren Vereinfachung des Rechtshilfeverkehrs getroffene Vereinbarung. Vom 7. Mai 1910.

Erklärung.

Zwischen der Kaiserlich Deutschen Regierung und dem Schweizerischen Bundesrat ist im Anschluß an das Haager Abkommen über den Zivilprozeß vom 17. Juli 1905 die nachstehende Vereinbarung zur weiteren Vereinfachung des Rechtshilfeverkehrs getroffen worden.

Abgedruckt im Blatt für Patent-, Muster- und Zeichenwesen. 1910 S. 178.

c) Bekanntmachung, betreffend Änderung des dem Vertrage zwischen dem Deutschen Reiche und der Schweiz über die Beglaubigung öffentlicher Urkunden vom 14. Februar 1907 beigefügten Verzeichnisses. Vom 11. September 1911.

Gemäß Art. 2 Abs. 2 des Vertrags zwischen dem Deutschen Reiche und der Schweiz über die Beglaubigung öffentlicher Urkunden vom 14. Februar 1907 (RGBl. S. 411) wird das Verzeichnis derjenigen Verwaltungsbehörden Deutschlands und der Schweiz, deren Beurkundungen zum Gebrauch im Gebiet des anderen Landes keiner Beglaubigung bedürfen, durch diese Bekanntmachung im Anschluß an die Bekanntmachung vom 19. Juni 1907 (RGBl. S. 415) im beiderseitigen Einverständnisse dahin geändert, daß in dem Abschnitt „Die Schweiz“ unter B „Kantonale Behörden“ bei den Kantonen Baselland, Appenzell i. Rh. und Tessin zu lesen ist:

1. „Kanton Baselland. Die Landeskanzlei“ statt: „Kanton Baselland. Die Staatskanzlei.“

2. „Kanton Appenzell i. Rh. Landammann und Standeskommission“ statt: „Kanton Appenzell i. Rh. Der Landammann und die Standeskommission.“

3. „Kanton Tessin. La Cancellaria di Stato“ statt: „Kanton Tessin. La Chancellerie d'Etat“‘

Berlin, den 11. September 1911.

Der Reichskanzler.
In Vertretung:
v. Kiderlen - Waechter.

19. Bekanntmachung, betreffend die Hinterlegung der Ratifikationsurkunde Luxemburgs zu dem Haager Abkommen über den Zivilprozeß vom 17. Juli 1905 sowie die im Anschluß an dieses Abkommen von Deutschland mit den Niederlanden, mit Luxemburg und mit Norwegen zur weiteren Vereinfachung des Rechtshilfeverkehrs getroffenen Vereinbarungen. Vom 16. August 1909.

Erklärung.

Zwischen der Kaiserlich Deutschen Regierung und der Königlich Niederländischen Regierung ist im Anschluß an das Haager Abkommen über den Zivilprozeß vom 17. Juli 1905 die nachstehende Vereinbarung zur weiteren Vereinfachung des Rechtshilfeverkehrs getroffen worden.

Abgedruckt im Blatt für Patent-, Muster- und Zeichenwesen. 1909 S. 230.

Erklärung.

Zwischen der Kaiserlich Deutschen Regierung und der Großherzoglich Luxemburgischen Regierung ist im Anschluß an das Haager Abkommen über den Zivilprozeß vom 17. Juli 1905 die nachstehende Vereinbarung zur weiteren Vereinfachung des Rechtshilfeverkehrs getroffen worden.

Abgedruckt im Blatt für Patent-, Muster und Zeichenwesen. 1909 S. 231.

Erklärung.

Zwischen der Kaiserlich Deutschen Regierung und der Königlich Norwegischen Regierung ist im Anschluß an das Haager Abkommen über den Zivilprozeß vom 17. Juli 1905 die nachstehende Vereinbarung zur weiteren Vereinfachung des Rechtshilfeverkehrs getroffen worden.

Abgedruckt im Blatt für Patent-, Muster- und Zeichenwesen. 1909 S. 231.

20. Bekanntmachung, betreffend die im Anschluß an das Haager Abkommen über den Zivilprozeß vom 17. Juli 1905 von Deutschland mit Schweden zur weiteren Vereinfachung des Rechtshilfeverkehrs getroffene Vereinbarung. Vom 9. Februar 1910.

Erklärung.

Zwischen der Kaiserlich Deutschen Regierung und der Königlich Schwedischen Regierung ist im Anschluß an das Haager Abkommen über den

Zivilprozeß vom 17. Juli 1905 die nachstehende Vereinbarung zur weiteren Vereinfachung des Rechtshilfeverkehrs getroffen worden.

Abgedruckt im Blatt für Patent-, Muster und Zeichenwesen. 1910 S. 111.

21. Bekanntmachung, betreffend die im Anschluß an das Haager Abkommen über den Zivilprozeß vom 17. Juli 1905 von Deutschland mit Österreich und mit Dänemark zur weiteren Vereinfachung des Rechtshilfeverkehrs getroffenen Vereinbarungen. Vom 3. Juni 1910.

Kaiserlich Deutsche Botschaft.
B. 2467

Wien, den 27. Mai 1910.

Der Unterzeichnete hat die Ehre, Seiner Exzellenz dem K. u. K. Minister des Kaiserlichen und Königlichen Hauses und des Äußern Herrn Grafen Aehrental den Empfang der gefälligen Note von heute, Nr. 31 811/7, zu bestätigen und seinerseits zufolge Auftrags und im Namen der Kaiserlich Deutschen Regierung im Anschluß an das Haager Abkommen über den Zivilprozeß vom 17. Juli 1905 zur weiteren Vereinfachung des Rechtshilfeverkehrs zwischen Deutschland und Österreich folgendes zu erklären:

Abgedruckt im Blatt für Patent-, Muster- und Zeichenwesen. 1910 S. 208.

Erklärung.

Zwischen der Kaiserlich Deutschen Regierung und der Königlich Dänischen Regierung ist im Anschluß an das Haager Abkommen über den Zivilprozeß vom 17. Juli 1905 die nachstehende Vereinbarung zur weiteren Vereinfachung des Rechtshilfeverkehrs getroffen worden.

Abgedruckt im Blatt für Patent-, Muster- und Zeichenwesen. 1910 S. 209.

Bekanntmachung, betreffend die im Anschluß an die deutsch-dänische Vereinbarung vom 1. Juni 1910 von Deutschland mit Dänemark getroffene weitere Vereinbarung zur Vereinfachung des Rechtshilfeverkehrs. Vom 6. Juni 1914.

Erklärung.

Zwischen der Kaiserlich Deutschen Regierung und der Königlich Dänischen Regierung ist im Anschluß an die Vereinbarung vom 1. Juni 1910 zur Vereinfachung des Rechtshilfeverkehrs die nachstehende weitere Vereinbarung getroffen worden.

Abgedruckt im Blatt für Patent-, Muster- und Zeichenwesen. 1914 S. 250.

Gesetz über den Vertrag über Rechtsschutz und Rechtshilfe und den Beglaubigungsvertrag zwischen dem Deutschen Reiche und der Republik Österreich. Vom 6. März 1924.

Der Reichstag hat das folgende Gesetz beschlossen, das mit Zustimmung des Reichsrats hiermit verkündet wird:

§ 1. Dem am 21. Juni 1923 unterzeichneten Vertrag über Rechtsschutz und Rechtshilfe zwischen dem Deutschen Reiche und der Republik Österreich und dem an demselben Tage unterzeichneten Beglaubigungsvertrage zwischen dem Deutschen Reiche und der Republik Österreich wird hiermit zugestimmt. Die Verträge werden nachstehend veröffentlicht.

§ 2. Die Reichsregierung wird ermächtigt, die zur Ausführung der Verträge erforderlichen Maßnahmen zu treffen.

§ 3. Dieses Gesetz tritt mit dem Tage der Verkündung in Kraft.

Berlin, den 6. März 1924.

Der Reichspräsident.
Ebert.

Der Reichsminister des Auswärtigen.
Stresemann.

Der Reichsminister der Justiz.
Emminger.

Abgedruckt im Blatt für Patent-, Muster- und Zeichenwesen. 1924 S.141ff.

Bekanntmachung über die Ratifikation der am 21. Juni 1923 unterzeichneten deutsch-österreichischen Rechtsverträge. Vom 15. April 1924.

Der am 21. Juni 1923 in Wien unterzeichnete Vertrag über Rechtsschutz und Rechtshilfe zwischen dem Deutschen Reiche und der Republik Österreich und der an demselben Tage unterzeichnete Beglaubigungsvertrag zwischen dem Deutschen Reiche und der Republik Österreich (RGBl. 1924 II S. 55) sind ratifiziert worden. Der Austausch der Ratifikationsurkunden hat am 14. April 1924 in Berlin stattgefunden.

Berlin, den 15. April 1924.

Der Reichsminister des Auswärtigen.
In Vertretung:
Maltzan.

RGBl. II Nr. 16 S. 91.

22. Bekanntmachung, betreffend die wechselseitige Befreiung der Angehörigen des Deutschen Reichs und der Freien Stadt Danzig von der ihnen als Ausländern in bürgerlichen Rechtsstreitigkeiten obliegenden Verpflichtung zur Sicherheitsleistung für die Prozeßkosten und zur Zahlung eines Vorschusses für die Gerichtskosten. Vom 2. Oktober 1920.

Die Deutsche Reichsregierung und die Regierung der Freien Stadt Danzig haben, um den beiderseitigen Staatsangehörigen die Befreiung von der Verpflichtung zur Sicherheitsleistung für die Prozeßkosten in bürgerlichen Rechtsstreitigkeiten zu sichern, in gegenseitigem Einvernehmen festgestellt, daß mit Rücksicht auf § 110 Abs. 2 Ziffer 1 der in beiden Staaten gleichmäßig geltenden Deutschen Zivilprozeßordnung die Voraussetzungen erfüllt sind, unter denen für Angehörige des einen Teils die Befreiung von der Sicherheitsleistung wegen der Prozeßkosten im Gebiete des anderen Teils eintritt. Das gleiche gilt wegen der Befreiung von der Pflicht zur Vorschußzahlung im Sinne des § 85 Abs. 2 Ziffer 1 des in beiden Staaten geltenden Deutschen Gerichtskostengesetzes.

Berlin, den 2. Oktober 1920.

Der Reichsminister der Justiz.
Dr. Heinze.

RGBl. 1920 Nr. 200 S. 1703.

23. Bekanntmachung, betreffend die Wiederinkraftsetzung einer Reihe von zwischen Deutschland oder einzelnen deutschen Ländern und Österreich oder Österreich-Ungarn abgeschlossenen Verträgen und Übereinkommen im Verhältnis zur Tschechoslowakei auf Grund des Artikels 289 des Friedensvertrages von Versailles vom 28. Juni 1919. Vom 5. Mai 1921.

Auf Grund einer nach Maßgabe des Artikels 289 des Friedensvertrages von Versailles vom 28. Juni 1919 (RGBl. S. 687ff.) ergangenen Mitteilung der Tschechoslowakischen Regierung sind die nachstehend aufgeführten Verträge und Übereinkommen zwischen Deutschland oder einzelnen deutschen Ländern und Österreich oder Österreich-Ungarn im Verhältnis zur Tschechoslowakei am 9. Juli 1920 wieder in Kraft gesetzt worden.

. . . . . .

22. Vertrag zwischen dem Deutschen Reiche und der Österreichisch-Ungarischen Monarchie wegen Beglaubigung der von öffentlichen Behörden und Beamten ausgestellten oder beglaubigten Urkunden. Vom 25. Februar 1880. (RGBl. 1881 S. 4.)

. . . . . .

Berlin, den 5. Mai 1921.

Der Reichsminister des Auswärtigen.
Dr. Simons.

RGBl. 1921 Nr. 50 S. 504ff.

a) Gesetz über den Vertrag zwischen dem Deutschen Reiche und der Tschechoslowakischen Republik über Rechtsschutz und Rechtshilfe in bürgerlichen Angelegenheiten. Vom 7. Februar 1923.

Der Reichstag hat das folgende Gesetz beschlossen, das hiermit verkündet wird:

§ 1. Dem am 20. Januar 1922 unterzeichneten Vertrage zwischen dem Deutschen Reiche und der Tschechoslowakischen Republik über Rechtsschutz und Rechtshilfe in bürgerlichen Angelegenheiten nebst Zusatzprotokoll vom gleichen Tage wird hiermit zugestimmt. Das Abkommen nebst Zusatzprotokoll wird nachstehend veröffentlicht.

§ 2. Die Reichsregierung wird ermächtigt, die zur Erfüllung des Vertrags erforderlichen Maßnahmen zu treffen.

§ 3. Dieses Gesetz tritt mit dem Tage der Verkündung in Kraft.

Berlin, den 7. Februar 1923.

Der Reichspräsident.
Ebert.
Der Reichsminister des Auswärtigen.
von Rosenberg.

b) Vertrag zwischen dem Deutschen Reiche und der Tschechoslowakischen Republik über Rechtsschutz und Rechtshilfe in bürgerlichen Angelegenheiten.

Das Deutsche Reich und die Tschechoslowakische Republik sind übereingekommen, zur Sicherstellung des bürgerlichen Rechtsschutzes der Angehörigen des Deutschen Reichs in der Tschechoslowakischen Republik und der Angehörigen der Tschechoslowakischen Republik im Deutschen Reich sowie zur Regelung der Rechtshilfe zwischen den beiderseitigen Gerichtsbehörden in bürgerlichen Angelegenheiten einen Vertrag zu schließen.

Zu diesem Zwecke haben zu Bevollmächtigten ernannt:
der Präsident des Deutschen Reichs:

(Folgen die Namen der Bevollmächtigten.)

Die Bevollmächtigten haben sich, nachdem sie einander ihre Vollmachten mitgeteilt und diese in guter und gehöriger Form befunden haben, über folgende Bestimmungen geeinigt:

Dieser Vertrag, welcher ähnliche Bestimmungen wie das Haager Abkommen enthält, ist abgedruckt im Blatt für Patent-, Muster- und Zeichenwesen 1923 S. 18ff.

c) *Bekanntmachung über die obersten und diejenigen höheren Verwaltungsbehörden des Deutschen Reichs sowie der deutschen Länder, deren Urkunden im Verhältnis zur Tschechoslowakei einer Beglaubigung nicht bedürfen. Vom 10. November 1923.*

Das Verzeichnis der obersten und derjenigen höheren Verwaltungsbehörden des Deutschen Reichs sowie der deutschen Länder, deren Urkunden nach dem im Verhältnis zur Tschechoslowakei wieder in Kraft gesetzten Vertrage zwischen dem Deutschen Reich und der Österreichisch-Ungarischen Monarchie wegen Beglaubigung der von öffentlichen Behörden und Beamten ausgestellten oder beglaubigten Urkunden vom 25. Februar 1880 (RGBl. 1881 S. 4 und 1921 S. 504) keiner weiteren Beglaubigung bedürfen, ist neu zusammengestellt worden und wird nachstehend veröffentlicht.

Diese Bekanntmachung schließt sich an die Bekanntmachung vom 16. September 1922 (RGBl. II S. 760) an.

Berlin, den 10. November 1923.

Der Reichsminister des Auswärtigen.
In Vertretung:
Freiherr von Maltzan.

A. Reichsbehörden.

. . . .

19. Der Reichsminister der Justiz.
20. Der Präsident des Reichspatentamts.

. . . .

RGBl. II Nr. 44 S. 412.

E. Gesetz zum Schutze des Genfer Neutralitätszeichens vom 22. März 1902.

(RGBl. S. 125.)

Wir Wilhelm, von Gottes Gnaden Deutscher Kaiser, König von Preußen usw. verordnen im Namen des Reichs, nach erfolgter Zustimmung des Bundesrats und des Reichstags, was folgt:

§ 1. Das in der Genfer Konvention zum Neutralitätszeichen erklärte Rote Kreuz auf weißem Grunde sowie die Worte „Rotes Kreuz“ dürfen, unbeschadet der Verwendung für Zwecke des militärischen Sanitätsdienstes, zu geschäftlichen Zwecken, sowie zur Bezeichnung von Vereinen oder Gesellschaften oder zur Kennzeichnung ihrer Tätigkeit nur auf Grund einer Erlaubnis gebraucht werden.

Die Erlaubnis wird von den Landeszentralbehörden nach den vom Bundesrate festzustellenden Grundsätzen für das Gebiet des Reiches erteilt. Die Erlaubnis darf Vereinen oder Gesellschaften, welche sich im Deutschen Reiche der Krankenpflege widmen und für den Kriegsfall zur Unterstützung des militärischen Sanitätsdienstes zugelassen sind, nicht versagt werden.

Die von dem Bundesrate festgestellten Grundsätze sind dem Reichstag alsbald zur Kenntnisnahme mitzuteilen.

§ 2. Wer den Vorschriften dieses Gesetzes zuwider das Rote Kreuz gebraucht, wird mit Geldstrafe bis zu einhundertfünfzig Mark oder mit Haft bestraft.

§ 3. Die Anwendung der Vorschriften dieses Gesetzes wird durch Abweichungen nicht ausgeschlossen, mit denen das im § 1 erwähnte Zeichen wiedergegeben wird, sofern ungeachtet dieser Abweichungen die Gefahr einer Verwechslung vorliegt.

§ 4. Dieses Gesetz tritt am 1. Juli 1903 in Kraft.

§ 5. Die Vorschriften dieses Gesetzes finden keine Anwendung auf den Vertrieb der bei der Verkündung des Gesetzes (die Verkündung hat am 26. März 1902 stattgefunden) mit dem Roten Kreuz bezeichneten Waren, sofern die Waren oder deren Verpackung oder Umhüllung nach näherer Bestimmung des Reichskanzlers mit einem amtlichen Stempelabdrucke versehen werden.

§ 6. Bis zum 1. Juli 1906 darf das Rote Kreuz fortgeführt werden:

1. in Warenzeichen, die auf Grund einer vor dem 1. Juli 1901 erfolgten Anmeldung in die Zeichenrolle eingetragen worden sind;

2. in Firmen, die auf Grund einer vor dem 1. Juli 1901 erfolgten Anmeldung in das Handels- oder Genossenschaftsregister eingetragen worden sind;

3. in Namen rechtsfähiger Vereine, sofern die Vereine nach ihren Satzungen bereits vor dem 1. Juli 1901 das Rote Kreuz in ihren Namen geführt haben.

Änderungen, die sich infolge dieses Gesetzes an den unter Nr. 2, 3 bezeichneten Firmen und Vereinsnamen erforderlich machen, werden gebührenfrei in das Handelsregister und das Vereinsregister eingetragen, sofern sie vor dem 1. Juli 1906 zur Eintragung angemeldet werden.

§ 7. Warenzeichen, welche das Rote Kreuz enthalten, sind von der Verkündung des Gesetzes ab von der Eintragung in die Zeichenrolle ausgeschlossen, sofern nicht die Anmeldung vor dem 1. Juli 1901 erfolgt ist.

Urkundlich unter Unserer Höchsteigenhändigen Unterschrift und beigedrucktem Kaiserlichen Insiegel.

Gegeben Charlottenburg Schloß,
den 22. März 1902.

(L. S.) Wilhelm.
Graf von Posadowsky.

Bekanntmachung, betreffend die Grundsätze für die Erteilung der Erlaubnis zum Gebrauche des Roten Kreuzes. Vom 7. Mai 1903.

Auf Grund des § 1 des Gesetzes zum Schutze des Genfer Neutralitätszeichens vom 22. März 1902 (RGBl. S. 125) hat der Bundesrat für die

Erteilung der Erlaubnis, das in der Genfer Konvention zum Neutralitätszeichen erklärte Rote Kreuz auf weißem Grunde sowie die Worte „Rotes Kreuz" zu geschäftlichen Zwecken sowie zur Bezeichnung von Vereinen oder Gesellschaften oder zur Kennzeichnung ihrer Tätigkeit zu gebrauchen, folgende Grundsätze aufgestellt:

1. Die Erlaubnis ist denjenigen Vereinen oder Gesellschaften einschließlich der Ritterorden sowie der geistlichen Orten und Kongregationen zu erteilen, welche sich im Deutschen Reiche der Krankenpflege widmen und durch eine Bescheinigung des zuständigen Kriegsministeriums nachweisen, daß sie für den Kriegsfall zur Unterstützung des militärischen Sanitätsdienstes zugelassen sind.

2. Die Erteilung der Erlaubnis ist bei der zuständigen Landes-Zentralbehörde zu beantragen.

3. Zuständig für die Erteilung der Erlaubnis ist die Zentralbehörde des Bundesstaats, in dessen Gebiete der Verein oder die Gesellschaft den Sitz oder in Ermangelung eines inländischen Sitzes eine Niederlassung hat.

4. In der Erlaubnisurkunde ist zum Ausdrucke zu bringen, daß auf Grund der Erlaubnis die Mitglieder des Vereins oder der Gesellschaft das Rote Kreuz zu ihren persönlichen Zwecken nicht gebrauchen dürfen.

5. Die Erlaubnis ist zurückzunehmen, wenn die Voraussetzungen, welche für die Erteilung der Erlaubnis maßgebend gewesen sind, nicht mehr zutreffen. Zuständig für die Zurücknahme ist die Behörde, welche die Erlaubnis erteilt hat.

6. Für das Verfahren werden Kosten und Stempel nicht erhoben.

Berlin, den 7. Mai 1903.

Der Stellvertreter des Reichskanzlers.
Graf von Posadowsky.

F. Über das panamerikanische Abkommen.

Eine Reihe amerikanischer Staaten, nämlich:

Vereinigte Staaten von Amerika,	Guatemala,	Nikaragua,
Argentinische Republik,	Haiti,	Panama,
Brasilien,	Honduras,	Paraguay,
Chile,	Kolumbien,	Peru,
Dominikanische Republik,	Kostarika,	Salvador,
Ekuador,	Kuba,	Uruguay,
	Mexiko,	Venezuela

haben einen der Pariser Verbandsübereinkunft ähnlichen Vertrag am 20. August 1910 abgeschlossen, dessen Vorteile aber nur den in einem der Vertragsstaaten ansässigen Personen zukommen.

Dieselben Staaten haben unter demselben Datum einen weiteren Vertrag betreffend die Fabrik- und Handelsmarken vereinbart, welcher dem Madrider Abkommen betreffend die internationale Eintragung von Fabrik- und Handelsmarken nahekommt. Nach der alten Fassung dieses panamerikanischen Vertrags war es zweifelhaft, ob auch außerhalb des Verbandes wohnende Personen sich auf diesen Vertrag berufen können. Nach der abgeänderten Fassung von 1923 (Bl. 1924 S. 104) und einem Rundschreiben des interamerikanischen Bureaus in Havana an die Signaturmächte vom 3. Dezember 1923 (Bl. 1924 S. 146) ist nunmehr festgestellt, daß Marken von Eigentümern, die ihren Wohnsitz in Europa haben, auf Grund dieses Vertrages nicht eingetragen werden.

Sachverzeichnis.

Katalog der Bibliothek des Reichspatentamts

Stand vom 1. Oktober 1922

Catalogue of the library of the German Patent Office

3 Bände von zusammen 5000 Seiten

Berlin 1923

Gebunden 100 Goldmark / Gebunden 25 Dollar

Der neue Katalog der großen Bibliothek des Deutschen Reichspatentamts ist ein bibliographisches Nachschlagewerk ersten Ranges und unentbehrlich für alle Industriefirmen der Welt

---

Das Wesen der Erfindung

Ein Weg zu ihrer Erkenntnis und rechten Darstellung

Von

R. Müller-Liebenau

Geh. Regierungsrat u. Ober-Regierungsrat
Regierungsbaumeister a. D.

Mit 10 Textabbildungen. 282 S. 1924

9 Goldmark; gebunden 11 Goldmark / 2.15 Dollar; gebunden 2.65 Dollar

Aus dem Inhaltsverzeichnis:

Das Wesen der Erfindung. I. Der Begriff „Begriff". — II. Der Begriff der reinen Erfindung (erste Stufe). III. Die Arten der reinen Erfindung. IV. Die Definitionen der drei vereinfachten Merkmalsbegriffe der reinen Erfindung. — V. Der Begriff der schutzfähigen Erfindung (zweite Stufe). VI. Der Begriff der patentschutzfähigen Erfindung (dritte Stufe). — VII. Eine Belastungsprobe der Begriffskonstruktionen und Definitionen.

Die Darstellung und Prüfung der schutzfähigen Erfindung. VIII. Allgemeine Erfordernisse. — IX. Die Darstellung und Prüfung der einzelnen Merkmale. — X. Der Begriff der Abhängigkeit und der Teilschutz. — XI. Die Trennung der Darstellung in Beschreibung und Anspruch. — XII. Die Darstellung der Erfindung zur Sicherung gegen Schutzeingriffe in der Zukunft. — XIII. Eine zweite Belastungsprobe. — XIV. Richtlinien für die Fassung von Bestimmungen im Sinne der vorstehenden Ausführungen in einem alle Erfindungen umfassenden Schutzgesetze.

GPSR Compliance

The European Union's (EU) General Product Safety Regulation (GPSR) is a set of rules that requires consumer products to be safe and our obligations to ensure this.

If you have any concerns about our products, you can contact us on ProductSafety@springernature.com

In case Publisher is established outside the EU, the EU authorized representative is:

Springer Nature Customer Service Center GmbH
Europaplatz 3
69115 Heidelberg, Germany

Batch number: 10844639

Printed by Printforce, the Netherlands